阅读成就思想……

Read to Achieve

新父母课堂系列

养出情绪稳定的孩子
父母的心智觉醒之路

Mentalization in the Family
A Guide for Professionals and Parents

[美] 珍纳·欧斯特加德·黑格尔奎斯特
（Janne Oestergaard Hagelquist）
海诺·拉斯穆森
（Heino Rasmussen）
◎著

胡军生　曲晓艳 ◎译

中国人民大学出版社
·北京·

图书在版编目（CIP）数据

养出情绪稳定的孩子：父母的心智觉醒之路 /（美）珍纳·欧斯特加德·黑格尔奎斯特（Janne Oestergaard Hagelquist），（美）海诺·拉斯穆森（Heino Rasmussen）著；胡军生，曲晓艳译. 北京：中国人民大学出版社，2024.9. -- ISBN 978-7-300-33078-5

Ⅰ．G78

中国国家版本馆CIP数据核字第2024BZ2552号

养出情绪稳定的孩子：父母的心智觉醒之路

［美］珍纳·欧斯特加德·黑格尔奎斯特（Janne Oestergaard Hagelquist）
海诺·拉斯穆森（Heino Rasmussen）　著

胡军生　曲晓艳　译

YANGCHU QINGXU WENDING DE HAIZI：FUMU DE XINZHI JUEXING ZHI LU

出版发行	中国人民大学出版社		
社　　址	北京中关村大街31号	邮政编码	100080
电　　话	010—62511242（总编室）	010—62511770（质管部）	
	010—82501766（邮购部）	010—62514148（门市部）	
	010—62515195（发行公司）	010—62515275（盗版举报）	
网　　址	http：//www.crup.com.cn		
经　　销	新华书店		
印　　刷	天津中印联印务有限公司		
开　　本	890 mm × 1240 mm　1/32	版　次	2024年9月第1版
印　　张	9.125　插页1	印　次	2025年1月第3次印刷
字　　数	140 000	定　价	69.90元

版权所有　　侵权必究　　印装差错　　负责调换

前言

我们写这本书的目的就是想展示如何最有效地综合运用心智化理论与实践方法，结合现有的育儿知识和儿童发展心理学知识，去促进儿童的成长与发展。

我们两个人都有自己的孩子，这虽然有助于我们写这样一本以儿童发展与养育为主题的书，但其实这也给我们带来了阻碍。集为人父母与本书作者于一身，我们知道自己有着丰富的经验与专业知识，但同时，对于为人父母过程中所遇到的各种艰巨任务，我们必须保持谦卑之心。这其中有部分原因是因为我们知道与孩子的互动是一种快速反应的过程，并且这种互动又通常发生在复杂的情境中；还有部分原因是身为父母，我们自己的做法也会被我们自己的想法与感受所影响，由此我们并不是总能按照我们在本书中所提的建议去行事。在日常生活中，我们也经常会犯错，常常会感到困惑，觉得力不从心。在本书中，我们想与大家分享那些曾经帮助过我们的知识。这其中有一些是育儿知识，而我们真希望自己在初为父母之前就已经掌握了这些育儿知识。此外是其他一些与我们工作有关的专业知识，因为我们所从事的工作是与家长、寄养家庭和专业陪护人员打交道的。

虽然我们自己也未必能做到书中提到的所有建议，但我们仍然坚信，这些与儿童以及儿童发展有关的知识，在我们养育子女的过程中具有非常重要的作用。我们之所以将心智化这个概念引入到家庭领域，是因为我们发现这极大地帮助了我们与孩子的互动。心智化以及对儿童发展心理学的了解，能够确保你不会僵化地始终用某个固定模式去理解你的孩子。比如说，如果一个 9 个月大的孩子不愿意去日托所，你可能会觉得这很烦人、很令你头疼（如果你对分离性焦虑不了解的话就会如此，事实上，这种情况在这个年龄段的孩子身上非常普遍）；同样，如果你家 10 多岁的女儿不愿意与你们相处，而是整天与她的朋友待在一起，你可能会觉得她很自私、难以相处，认为她不守规矩（如果你不了解青少年这一阶段的主要发展任务是脱离家庭，并与朋友进行交往、由此体验生活的话，就会有此感受）。

我们认为，父母自身的心智化是教育孩子过程中最为重要的策略。心智化是一种理解和解释自己和他人行为背后心理过程的能力，借此父母能了解自己和孩子的内心到底发生了什么。这就要求你首先需要了解自己的孩子正在经历什么，其次还需要了解孩子所处的人生发展阶段。而要做到这一点，你需要与孩子建立起人际联结，并找到隐藏在你自己行为以及孩子行为背后的原因，如此才能更好地理解孩子和你自己。同时，在孩子与父母互动的时候，他们也能发展出自身的心智化能力。

在本书中，我们分析了各种具体的理论模型和教育方法，这些理论与教育方法可能有助于寄养家庭、幼儿园老师，以及那些为家长提供支持与帮助的职业人士开展工作，同时也有助于家长们在日常生活中帮助自己的孩子健康成长与学习。

前言

我们始终坚信，尽管父母与孩子和家人在一起有助于孩子的学习与成长，但最为关键的却是家长首先需要了解身为父母天生就会做的那些事情，并应用之。在本书中，我们也始终努力去营造这种理念。我们希望这本书能够成为父母与孩子之间那种自然而然的互动的补充，因为那种互动是有趣的、令人惊奇与具有探索性的。作为父母，我们要通过利用这些理论，对这些理论进行分析和思考，并从中有所启发；但千万要记住，重要的不是这些理论，而是去了解你的孩子。

本书结构

本书由引言和以实践应用为取向的六个章节构成。引言主要是介绍了儿童发展心理学、依恋、心智化、育儿方法等理论的最新成果，后面六章则阐述如何将这些理论进行实践应用。下面是这六章的简要介绍。

第1章 成为自我控制、负责任和心智化的父母

在第1章中，我们对心智化理论中的基本概念进行了介绍。本章的目的是阐释心智化到底是什么，如果没有心智化可能会出现什么后果，比如家长有可能在教育子女的过程中强调自身的权威与权力。

第2章 把心智化养育当作一场海上航行

在第2章中，我们将儿童的发展与成长比喻成海上航行，这一

形象的比喻为我们提供了一个非常好的视角去了解父母的养育活动，因为它对孩子的成长与发展来说至为重要。该比喻借助海上航行，来帮助我们去理解人的心理发展与成长，由此加深我们对亲子关系的了解。当然，这一章也介绍了一些理论和方法，以帮助家长更好地去支持其孩子的成长与学习。

第3章 父母在孩子心智化成长之路上的角色定位

第3章详细介绍了儿童与青少年的发展特点，并且将其分为以下四个年龄阶段：0～3岁、4～8岁、9～12岁和13～18岁。其中每个年龄阶段都面临发展过程中的六个核心主题。为了便于理解，并辅之以表格形式进行展示。以下是这六个核心主题：

- 情绪特点；
- 行为特点；
- 生理发展特点；
- 人际关系；
- 自我；
- 注意与认知特点。

本书不仅详细介绍了如何才能更好地帮助各个年龄阶段儿童发展与成长的方法，还阐释了各年龄阶段中的心智化特点。这一章的目的是为了让所有的家长心里有一个具体的衡量标准，以判断其孩子所遇到的挑战是否是人生阶段中的正常发展任务。如果是正常的发展任务，那么就需要获得支持，需要对之进行心智化并知道如何在实践中应用。

第 4 章　把情绪当罗盘，为孩子的成长定好航线

这一章对那些能够促进儿童适宜行为发展的方法进行了介绍。如果他们缺乏某方面的能力，那么就可能会导致他们表现出不适宜的行为，而这也就意味着，在这些能力没有形成之前，他们也无法学习到良好的行为。比如说，儿童首先必须能够识别与管理自己的情绪，这样他们的其他能力才能获得发展。也正因为这一点，所以本章末尾提出了一些切实的建议，如何帮助孩子对他们的情绪进行识别、分类并用语言表达出来，以及如何调节情绪等。

第 5 章　家庭心智化：童年经历对你的育儿模式的影响

在第 5 章中，我们分析了如果父母背负着过往经历的包袱，会如何影响他们与子女的关系；此外，还探讨了他们自己在为人父母的过程中，从旁观者视角去看待自己的能力。每个人养儿育女的方式都会受到其自身成长过程、经历和过往阴影的影响。在这一章中，我们简要介绍了诸如天使、魔鬼和重构（re-enactment）这样一些对育儿过程非常有益的观点。最后，本章也基于学术领域以及结构式家庭治疗（structured family therapy）领域的最新研究成果，探讨了在家庭中应该怎样采用旁观者视角，以及怎样安排家庭生活，以便为家庭中所有成员的心智化营造出一个良好的氛围。

第 6 章　育儿过程中的各种挑战，你该如何应对

在这一章中，我们将重点放在育儿以及人生发展过程中的一些具体主题上。比如养育子女过程中通常会遇到的一些共同的难题，并且给出了如何理解以及应对这些挑战的具体建议。如孩子的玩乐、

睡觉、性行为、同胞关系、说谎、心理创伤、离异、悲伤，以及孩子长大离家后父母所需面对空巢家庭等方面的挑战。

阅读指南

下面的示意图 P-1 和图 P-2 能够帮助你更好地把握本书的内容结构，便于你快速找到那些你最感兴趣的内容。

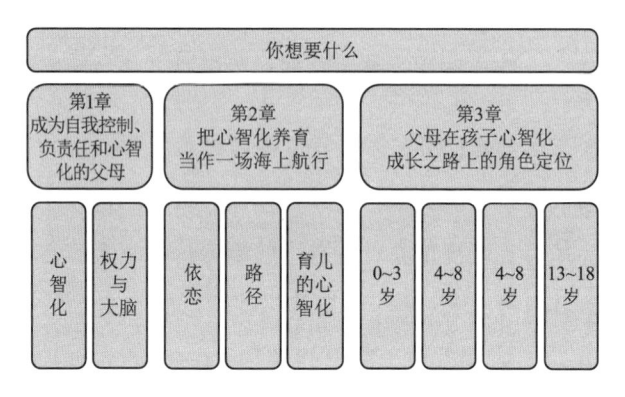

```
                        你想要什么
  ┌─────────────┬──────────────┬──────────────────┐
  │   第1章      │    第2章      │      第3章        │
  │ 成为自我控制、│ 把心智化养育   │ 父母在孩子心智化    │
  │ 负责任和心智  │ 当作一场海上航行│ 成长之路上的角色定位│
  │   化的父母   │              │                  │
  ├───┬────┬────┼───┬───┬────┼────┬────┬────┬────┤
  │心 │权力│    │依 │路 │育儿│0~3 │4~8 │4~8 │13~18│
  │智 │与  │    │恋 │径 │心智│ 岁 │ 岁 │ 岁 │ 岁  │
  │化 │大脑│    │   │   │ 化 │    │    │    │    │
  └───┴────┴────┴───┴───┴────┴────┴────┴────┴────┘
```

图 P-1　阅读指南

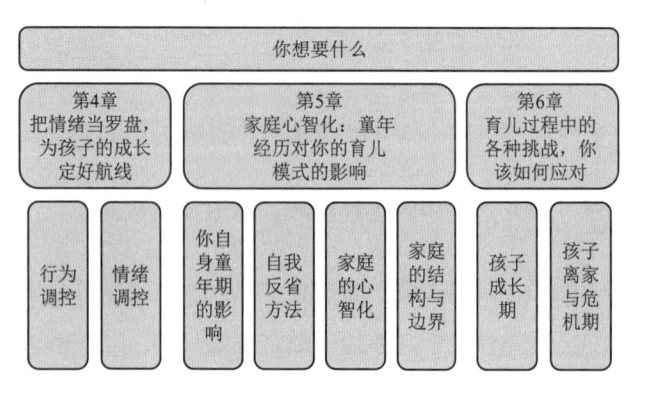

```
                        你想要什么
  ┌─────────────┬──────────────────┬────────────────┐
  │   第4章      │      第5章        │     第6章       │
  │ 把情绪当罗盘，│ 家庭心智化：童年    │ 育儿过程中的    │
  │ 为孩子的成长  │ 经历对你的育儿     │ 各种挑战，你     │
  │  定好航线    │    模式的影响     │   该如何应对    │
  ├────┬────────┼───┬────┬────┬────┼────┬──────────┤
  │行为│ 情绪   │你自│自我│家庭│家庭│孩子│孩子       │
  │调控│ 调控   │身童│反省│的心│的结│成长│离家       │
  │    │        │年期│方法│智化│构与│期  │与危       │
  │    │        │的影│    │    │边界│    │机期       │
  │    │        │ 响 │    │    │    │    │          │
  └────┴────────┴───┴────┴────┴────┴────┴──────────┘
```

图 P-2　阅读指南

前言

为了便于大家理解，全书都是采用相同的结构来进行组织，以便大家能够更好地理解我们所阐述的示意图，以及在应用过程中所需把握的基本要点。为此，每个主题的内容都是按照以下这 5 个点来组织。

- 导言。在导言部分，我们首先介绍了相关理论或概念，以及如何将其应用在育儿过程中，然后对示意图的理论基础进行了简要说明。
- 建议与可行策略。在这一部分给出了如何应用各个示意图的建议和可行策略，以及可能会面临的困难。
- 具体范例。在具体范例中，呈现了一个又一个的小小案例故事，这里面详尽介绍了示意图，以及如何将示意图进行应用并评估其应用的效果。
- 示意图。示意图的目的是为了方便你更直观地理解我们所介绍的概念或理论，从而有助于你更好地记住，这样也可能会使你能够更轻松地将其应用到具体实践中。
- 如何具体应用。在每幅示意图的后面，我们都介绍了一些如何将该示意图应用于实际的建议。当然，这并不是要你把这当成精准的指南，因为这些用法说明本身也并非指南。这些建议更像是一种提示或提醒，启发你更有效地应用示意图。

在阅读之前

世上没有完美的父母。在你开始阅读本书之前，就有必要牢记这一点。有研究表明，即使是那些最细心的父母，也仍然有一半的时间没有注意到其孩子内心的想法。他们可能正在与家人说话，或者在做一些事情，比如做饭、照顾其他孩子、玩手机。因此，没有完美的父母，也千万不要想着去做完美的父母。只要做得足够好就可以了。

如果你想要做一个完美的父母，或者说希望随时随地都能满足孩子的要求，那么这是完全不现实的。事实上，如果孩子感受到了自己缺乏镜映能力或者被别人误解了，他们反而能够了解到别人做法的背后自有其原因。当然，本书并不是要你去做一个不照看好孩子的父母。但是，如果你因没有给孩子马上回应就经常感到内疚，那么这对你、对你的孩子都没有什么好处，虽然这种感受常常会自然而然地出现。你的一些小小失误，也同样可以让你成为孩子心目中的榜样，让他们看到即使犯了错误也没关系。因此，在你开始阅读本书之前，需要牢牢记住这一点。

目录

引言　以开放的心态去拥抱孩子的情绪 / 1

　　孩子情绪健康的基石：心智化 / 2

　　可以推测孩子的内心，但永远不要自以为是 / 4

　　在你和孩子的想法之间找到一种平衡 / 6

　　至关重要的父母心智化能力 / 10

　　父母的责任、权力与权威 / 13

第1章　成为自我控制、负责任和心智化的父母 / 33

　　心智化让你学会从外部看自己、从内部看别人 / 34

　　警惕心智化失败的信号——情绪的爆炸式反应 / 37

　　不要让彼此陷入心智化失败的恶性循环 / 40

　　不仅从自己的角度，更要从孩子的角度看待事情 / 42

　　父母权力的正确开启模式 / 45

　　记住，你的坏情绪会传染给孩子 / 48

　　善用三重脑假说帮孩子控制好情绪 / 50

第2章　把心智化养育当作一场海上航行 / 55

　　把孩子当作航行在大海中的各式小船 / 56

记住,你永远是孩子停靠的安全港 / 59

面对不同依恋模式的孩子,你该怎么做 / 62

成为孩子航行中的灯塔,去照亮孩子 / 65

孩子只有被关注、被认可、被倾听,才会信任你 / 67

对孩子人生中的其他重要老师提供支持 / 70

孩子的生理或心理状态始终保持在容纳之窗内 / 72

为有效的亲子沟通找到入口 / 74

把关注点放在孩子的情绪感受上,而不是行为 / 76

树立防患于未然的意识 / 80

通过注意力指向正确引导孩子 / 82

从外部控制转变到内部控制 / 84

在严父与慈母之间找到平衡 / 87

校准好领航的情绪罗盘 / 89

充当孩子情绪控制的船锚 / 92

为创伤孩子航行保驾护航的 STORM 模型 / 94

第 3 章 父母在孩子心智化成长之路上的角色定位 / 99

0~3 岁婴幼儿的照顾者:让互动充满爱与支持 / 101

4~8 岁儿童的陪同者:陪孩子在玩中学 / 110

9~12 岁孩子的引路者:帮助孩子学会如何与他人交往 / 118

13~18 岁青少年的人生教练:建立成人对成人式的亲子关系 / 124

父母挑战的应对之策 / 132

第 4 章　把情绪当罗盘，为孩子的成长定好航线 / 137

识别、理解和控制好孩子情绪的有用工具 / 139

通过立规矩和不断重复营造良好的学习环境 / 141

学会自我调节，做到情绪稳定 / 143

面对孩子的强烈情绪时，什么方法最管用 / 145

对待孩子，心平气和比讲道理更管用 / 148

父母态度坚定，行为可靠，孩子更有安全感 / 150

与孩子发生冲突时，你的压箱底绝招 / 153

孩子不良行为的弥补与后果承担 / 155

帮助孩子学会识别、分类与表达情绪 / 158

帮助孩子学会调控情绪 / 159

帮助孩子识别情绪的复杂性，厘清内心感受 / 162

第 5 章　家庭心智化：童年经历对你的育儿模式的影响 / 167

让童年善待你的人成为提升自我的动力源 / 169

童年阴影将影响你与孩子的互动 / 172

你正在重复着你父母的不良育儿做法 / 175

克服儿时创伤和负性体验的魔鬼 / 179

当与孩子出现沟通困难时，你该怎么做 / 181

哪些因素让你在与孩子的互动中一点就着 / 183

当你情绪失控时，制定危机应对方案 / 186

当孩子情绪冲动时，先调节好自己的情绪 / 189

与孩子的重要家人构筑家庭共同体 / 193

夫妻间的许多冲突需要去接受而非解决 / 195

健康家庭的标志——心智化 / 199

利用你的家庭地位营造出心智化的家庭氛围 / 201

家庭成员既要有归属感，又要有明确的外部边界 / 204

家庭成员之间既要保持灵活的边界，又要有足够的个人空间 / 206

每个家庭成员都应保留一定的心理边界 / 209

第6章　育儿过程中的各种挑战，你该如何应对 / 213

多陪孩子玩耍，给孩子足够的安全感 / 215

多给孩子一些拥抱，让孩子感觉自己很重要 / 217

有时，对孩子旁敲侧击比说教更管用 / 219

教会孩子如何融入群体当中 / 222

帮助孩子养成良好的睡眠习惯 / 225

绕不开的话题——孩子的性教育 / 228

帮助孩子克服羞耻感与内疚感 / 231

引导孩子学会与兄弟姐妹相处 / 234

发现孩子撒谎了怎么办 / 238

培养孩子做事的边界感 / 241

当孩子与他人起冲突时，你该怎么办 / 245

帮助孩子掌握应对校园霸凌的方法 / 249

发现孩子偷偷饮酒怎么办 / 252

父母是孩子最好的创伤治疗师 / 257

父母离异后搁置争议，以孩子的利益为重 / 260

让孩子在丧失中学会接纳与成长 / 263

彻底放手，迎接人生的下半场——空巢期 / 267

译者后记 / 271

引 言

以开放的心态去拥抱孩子的情绪

所谓育儿方式心智化，其本质其实就是你对自己的育儿模式，以及自己孩子心理状态的思考。而心智化，其形式可以简单到只是翻阅一下本书这样的读物。

若你以心智化的模式去看待儿童的发展与成长，你就会认识到，如果孩子自出生起就能与那些真正的父母进行互动的话，那么这些孩子就能学会了解自己的想法。当然，真正的父母是指那些真心想了解自己的孩子、想知道自己孩子体验世界的方式，以及想了解孩子成长与发展的父母。

在本书中，我们会简要地给大家介绍一下儿童发展心理学领域，以及父母如何帮助孩子成长与发展方面的最新知识。因此，可以将本书视为以往多代同堂家族之中上一代教给下一代的、那些可世代相传知识的替代品。我们会尽量用简洁、明确的语言，给大家介绍那些与育儿有关的最新心理学知识，这些知识将告诉你怎样才是好的育儿模式，怎样才能帮助自己的孩子成长为身心健康、心理强大、有良好的自我感并且又善于理解他人的孩子。

我们之所以在这本以育儿为主题的书中，选择以心智化这一理论作为全书框架，是因为有研究确凿地表明心智化会给儿童的成长与发展带来许多积极影响。

孩子情绪健康的基石：心智化

有学者把心智化看成情绪健康的标志，是个体在人生过程中能够建立起安全型依恋的能力。如果父母在与自己孩子的互动过程中进行心智化，那么他们的孩子就有可能形成其自身的心智化能力，并且能够与父母建立起安全型依恋。一旦心智化获得了良好的发展，那么就可以提升他们对情绪进行识别、分类，以及表达和调控的能力。

心智化这一概念源于精神分析，在 20 世纪 90 年代初期由生于匈牙利的心理学家皮特·福纳吉（Peter Fonagy）和他的研究小组提出，并将其应用到儿童、青少年及其所处的家庭领域。如今对心智化有着各种不同的界定，有种观点认为心智化是个体对自己和他人心理活动过程进行认识的能力，尤其是对行为产生原因的理解。情绪、需求、目标、推理与想法都是属于能够影响行为的心理活动。从更为简洁、更容易被人们所理解的角度来说，可以将心智化定义为"将心比心"。

若我们的心智化能力能够获得充分发展，那么就有助于我们更好地认识自己、更好地理解自己与他人的行为，并提升我们在人际交往中从新的角度看到更多可能性的能力。孩子是否有能力对其玩伴和家人，以及日常言谈表现出一致的、连贯的认识与理解，与其父母的心智化能力息息相关。如此一来，有一个能够与孩子将心比心的父亲或母亲，就能够有效地减少孩子出现行为方面的困难或紊乱。这可能是因为孩子觉得有人能够理解自己，从而培养出了理解他人的兴趣，而这就有可能帮助孩子更轻松地应对社交中的困难处境，而不会去实施攻击性行为或其他的消极行为。此外，心智化能力还有助于提升孩子形成有效应对生活逆境的能力，比如性侵犯，或与有物质滥用的父母居住在一起。

我们认为心智化在儿童发展，尤其是情绪与社会性发展（social development）过程中具有重要的影响作用。通常来说，除非父母觉得自己的孩子在情绪与社会性发展领域存在一定的问题，否则他们是不会关注到这一块的。但就如前面所提到的那样，如果从一开始就关注到儿童发展过程中的这些方面，那么效果会非常显著，因为这会为孩子的情绪健康奠定坚实的基础。

在新时代的今天，心智化能力可能比以往任何时候都要重要，因为如今的孩子生活在一个非常复杂的环境中，这对他们的生活与人际交往能力提出了前所未有的极高要求，他们所面临的挑战也是更加难以预测。在以往，孩子只需依循其父辈的脚步成长就可以了，他们不需要必须具备适应新环境的能力。而如今，孩子自出生起就需要具备灵活的适应能力，需要对各种变化进行有效的应对。强调家长在养育子女的过程中进行心智化，就能够为家长培养孩子在复杂生活情境中认识自身与他人能力的过程中，提供更好的帮助与支持。而这也会促使其孩子变得更有灵活性，更能够发现日常生活的意义。这一点才是我们认为当今新生代所应具备的核心能力。

可以推测孩子的内心，但永远不要自以为是

心智化的内涵以及这方面的理论研究，已经证明了那些优秀家长所作所为的合理性，但用语言总是难以阐述清楚。请仔细看看下面这个例子。

引　言　以开放的心态去拥抱孩子的情绪

　　西蒙是一个15岁的少年，正参与学校的一个交换生项目，而作为该项目的一部分，有个意大利交换生需要到西蒙家住一个星期。在交换生快要来的前两天，他父亲问他接下来这一周有什么安排。西蒙刚从学校到家，他父亲就走了过来，还没等他父亲开口问什么，西蒙就大声宣称他一点都不在乎那个"意大利傻蛋"。西蒙说道："他走之后，我再也见不到他了。"他嘲讽地看着他爸爸，说道："你是担心你那田园诗般的友谊会破裂吧？老实说，他来的时候我根本就没想待在家里。周末我打算出去，如果他来了，就气死他吧。"

　　西蒙一通发泄后，转过身，大踏步地走过客厅，砰的一声关上了他的房门。他父亲非常生气，咆哮着吼道："就你这态度，永远也成不了大事！"而此时西蒙已经在房间中放上音乐了，并把门给锁上了。他父亲觉得西蒙太任性、被宠坏了，很想踹开他的房门，或者给西蒙老师打电话，把西蒙的所作所为告诉她，要求结束这次交换。好在他父亲对心智化很熟悉，于是仔细分析了他自己这一时刻的内心状态。他担心意大利交换生会有一个不好的体验（即感受），希望能够好好准备（即需求），因为自己希望事情能够进展顺利（即目标），这就要求自己、而不是西蒙去为此好好准备（即推理）。而所有这些方面综合起来共同影响了自己身为家长的行为。

　　为了让自己安心，他也分析了一下西蒙的心理。他记起来西蒙这天晚上有一个重要的足球比赛，并且这一周的大多数晚上西蒙其实都在踢球。西蒙好像有很大压力（感受），并且习惯一次只做一件事情（需求），他很难事先做好计划，而这就意味着他一直是被关注的焦点（推理）。也许他现在不想谈交换生的原因就在于他想努力保护自己，由此他才能应付即将举行的比赛（目标）。

5

他父亲最终决定自己去为交换生的到来做好自己所能做的一切准备工作。在足球比赛结束后,他走到西蒙的房间去道晚安,然后发现他儿子在被子下面哭了。西蒙告诉他父亲说,自从比赛开始就觉得有很大压力,而这种压力在升到初三时就有了,心里老想着即将到来的考试,而现在马上就要来的意大利交换生又成了所有事情当中的重中之重。西蒙对他父亲说,自己也很希望那个意大利男孩能在这里感到愉快。

这个例子中的父亲为了了解西蒙为什么那么做,将重点放在自身,以及儿子的内心状态上,这是非常有帮助的。西蒙的父亲认为自己身为主人,需要事先做好一定的准备工作,而西蒙内心想的却是下一件他所需要做的事情。西蒙的父亲意识到了西蒙的行为让自己产生了强烈的情绪反应,使自己想要按照内心的感受去行动,但最终还是选择了主动采用心智化去调控自身情绪。这表明他对西蒙之所以有那样的情绪反应有自己的认识,但事实上,西蒙感到的压力远远高于他所以为的。他还认识到,虽然作为家长,他可以去推测孩子的内心,但永远不要自以为是。这其实就是心智化的核心。

在你和孩子的想法之间找到一种平衡

能够心智化的父母,其做法就如同西蒙的父亲那样。这类父母认为孩子自出生起(甚至在怀孕阶段就如此),就有着独立的想法,而这些想法又会影响到其行为,那么他们在对待孩子的时候,就需要据此采取相应的措施。心智化父母还有个特点，那就是他们对自己孩子的认识能力和行动能力的判断可能会有点不切实际，不过，也正是在这种积极的视角下，孩子才可能会变得更加积极主动。这些父母知道孩子的内心是外人很难了解的，因此他们会仔细考虑引起孩子行为的各种可能原因，思考各种可能性。比如在上个例子中，西蒙的行为还可能是因为恋爱而烦心，或因为与好朋友吵架了。

心智化是一种动态能力，对压力和强烈的情绪感受特别敏感。由此，在涉及与自己关系亲密的人时，比如面对自己的孩子或配偶，就很难一直保持心智化。

如果强烈情绪使得一个人的头脑中的思绪发生变化，导致其心智化过程中断，那么我们会称之为心智化失败。如果出现了这种情况，那么你就无法关注你自己和他人的心理状态，无法继续探索自己和他人的感受、需求、目标和推理。在上一个例子中，西蒙就是出现了心智化失败，而他父亲也差一点这样，但他父亲主动地思考了自己和西蒙的内心状态，所以他父亲得以避免了心智化失败。

几乎每个人都有过没注意到自己和他人内心状态的时候。图I-1展示了强烈情绪是怎样导致心智化失败的，而这又很可能使你对他人的心智化过程出现失败。在上一个例子中，西蒙不满他父亲对他的要求，但却没能有效处理。结果就是他对自己父亲很生气，没有理解他父亲的想法和感受。西蒙认为他父亲只想做表面功夫。由此，这一假想导致他对他父亲大声吼叫。而西蒙的这一做法也反过来影响了他父亲的感受，当然，这一感受的程度也很强烈，导致他父亲的心智化程度很低。如果运气不是那么好的话，那么西蒙父亲的反应就如图 I-1 中所示的那样恶性循环下去。好在他父亲意识到了心智化失败，并对他们父子之间的互动过程再次进行了心智化。

父母在心智化的时候，需要对孩子的行为保持好奇心与开放心态。

不要去控制孩子的行为，而要努力挖掘隐藏在这些行为背后的意义。开放心态可以有效地促进心智化，并且可以遏制想要采取行动的冲动。其实，这里指的是你不仅需要对自己，还需要对你孩子的内心状态都保持开放心态。这里的开放心态是建立在以下几个特质基础上的：开明、权衡、共情、好奇心和耐心。

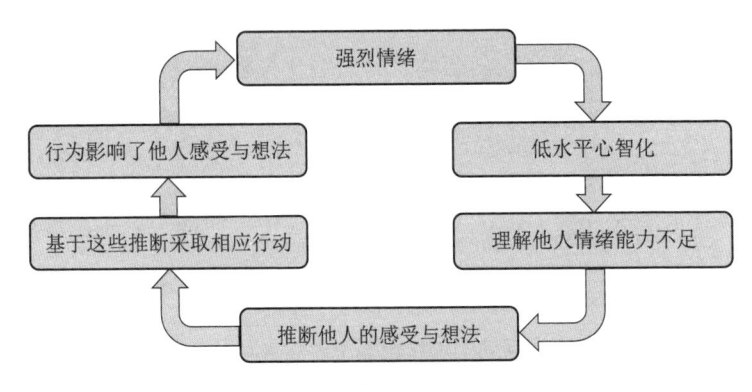

图 I-1 心智化失败示意图

资料来源：Bateman & Fonagy, 2012; Skårderud & Sommerfeldt, 2014

之所以需要保持开放心态，是因为你并不知道别人心里真正想的是什么，因此必须让自己主动对各种可能性保持开放，而非刻板地执着于某种特定思维方式。就此而言，平衡才是核心，因为最关键的是需要你在自己和他人想法之间找到一种平衡。有的父母过于关注孩子的想法，而有的父母则过于关注他们自己的内心。比较好的方式是在这两者之间找到平衡。当然，尤为重要的是父母能够在其内心找到平衡，因为他们更加了解这个世界，更有能力承担起这个责任；并且他们都是成年人，必须为自己的家庭营造出一个健康、安全的家庭氛围。共情指的是对他人情绪进行识别与理解的能力。它对维持一个健康的、互动式的人际交流具有至关重要的作用。好奇心有助于人们去理解某种具体行为背后的原因。你可以想想下面几个问题："为什么她打了她妹妹？为什么她整晚都在哭？为什么他喜欢那些男孩？为什么他不跟我儿子玩？"这些其实都是属于心智化过程中的问题。耐心是指能够接受孩子成长过程是缓慢的，而且并不总是向着你期待的方向；但尽管这样，你仍然能够对这一过程保持耐心。

下面，我们总结了一下之所以强调心智化能力，以及父母为什么要进行心智化育儿的原因。以下是其中最为重要的三条。

1. 通过心智化，你就能够了解自己的情绪、想法和推测，能了解那些隐藏在你行为背后的原因，从而能够让你对自己的行为产生掌控感，并让你拥有更高水平的自我觉察和自我认同。

2. 心智化是建立有意义、长期人际关系的基石。借助心智化，你能从他人的角度看待事情，同时你也能在与他人的交往中保持真我。这是建立健康人际关系的基础。

3. 心智化是进行自我调控和情绪调控的关键。

至关重要的父母心智化能力

在所有的哺乳动物中，人类在出生时的大脑是发育程度最低的。人类婴儿还没有能力照顾自己，也无法保证自己的生存。此外，人类是生活在一个社会性世界里，这也就意味着在人生的头20年中，他们必须要与他人发生联系，由此才能在成为独立的人类个体之前有机会去学习。人类儿童需要学习的东西要远远多于其他哺乳动物，由此，他们就需要去掌握语言，以及进行心智化等重要的社交技能。

心智化能力是随着人类的进化而发展的。在人类创造了工具后，尤其是创造了那些能够用以制造其他工具的工具后，这个世界就变得越来越复杂了。语言由此也成了一个非常重要的工具，人类借此将他们对这个世界的认识传递给下一代。随着分工的出现，不同的人所擅长的领域也有不同，那么善于理解自己和他人心理的人就有了极大优势。就好比猎人可以给木匠描述什么样的弓才够时尚，木匠也可以教育自己的孩子如何去做木工、如何去狩猎。这种进展的根源其实就在于心智化能力。

进入更为发达的社会后，就有必要对人与人之间如何交往制定相应的社会准则，而文化、价值观与社会规范方面的知识又太过具体、高深，无法只通过基因就可以生而知之。于是就有必要由儿童身边那一小群负责照顾他们的人，去教育他们怎么在这个复杂的人类世界中生活。而这个依恋对象（通常是父母）会为儿童探索周围世界提供一个安全港湾。通过与父母在一起，儿童就能够掌握新的技能，学会了解自己以及他们自己的身体。他们会意识到，自己只

引 言 以开放的心态去拥抱孩子的情绪

是社会关系网中的一部分,学会认识自己与他人。简而言之,下面这些是心智化父母需要做的工作:

- 确保孩子的生存:照顾好孩子;
- 教育孩子:帮助孩子去认识身边复杂的社会性世界,即社会规范、行为准则、传统习俗以及人生意义;
- 促进孩子心理的发展与成长:促进孩子潜能的发展,即情绪、行为、生理、人际关系、自我感、认知/注意和心智化。

我们在说到父母职责的时候,其实指的就是父母需要做什么,但对此却没有统一的答案,可以说天下有多少个父母,就有多少种答案。在我们开始写这本书的时候,我们问了问12岁的莉娃,想问问她怎样的养育方式才是好的方式。她认为好的父母应该做到下面这几个方面:

- 父母别老是忙于工作;
- 要让孩子相信圣诞老人、复活节小兔[①]、牙仙女[②];
- 花时间陪孩子玩;
- 辅导孩子做作业;
- 鼓励孩子重视上学;
- 保证家里有足够零食,而不是临时去外面买。

[①] 复活节的象征之一,人们用之作礼物或装饰品,另一象征是复活节彩蛋。——译者注
[②] 欧美民间传说,孩子们相信如果把脱落的牙齿藏到枕头下,牙仙女晚上就会趁他们睡觉时把牙齿拿走,并留下孩子希望得到的礼物,不然就会遭到厄运。——译者注

如果你仔细分析一下上面这几条，你就会发现，事实上莉娃很清楚良好的育儿模式是需要父母在场，而不是缺席，由此他们才能确保孩子的生存，才能对孩子进行教育，比如，进行社会规范的教育。

另外一个小女孩，9岁的克莱拉，在被问及什么样的父亲才是好父亲时，谈到了双亲角色中对孩子的关心，以及对孩子心理成长与学习的支持：

- 在我不开心的时候安慰我；
- 在我遇到困难的时候帮助我；
- 对我和蔼；
- 不会离开我；
- 爱我；
- 辅导我做作业；
- 会给我做饭吃。

父母最重要的职责是确保孩子的生存，以及教会孩子在这个世界上独立生活。此外，孩子还需要学习在这个社会中怎样为人处事。他们必须学习一切。从蓝莓可以吃（不是吃树丛中的浆果），到学会使用身边的各种工具（简单如刀叉，复杂如现在的电脑）。在他们所需发展的各个方面（在第4章中，我们将会详细介绍），必须获得全方位的支持。简而言之，育儿的本质就是确保孩子的生存，教育孩子在所处的文化中怎样行事，并促进他们的心理成长与发展，由此他们才能认识到自己的潜力。

在很多文化中，管教常常与养育子女联系在一起。管教（discipline）这个词源于拉丁文，意思是"教育"，因此管教就意味着教育孩子。其中关键的是任务或责任。父母的职责是教孩子掌握那些出生时还没有掌握的东西，从而让孩子成长为一个独立的成年人。而其中最为重要的任务就是教育孩子如何才能确保生存，以及如何回避潜在的危险。此外，孩子还必须学习如何才能成为所处社会中的一员。

但如果你要对自己的孩子进行教育，首先就要让孩子愿意听你的。可以说，孩子自出生伊始就进入到了一个学习式关系中，但如何才能建立起孩子愿意向他们父母学习的关系呢？换句话说，那就是父母在养育子女过程中的责任、权威、权力是什么呢？

父母的责任、权力与权威

从许多方面来说，父母与子女的关系并不是对等的，因为责任、权威和权力都是落在父母的头上。父母会对孩子说明各种事情，并进行组织与管理，还会给孩子设置一定的界限，责任、权威和权力都属于保护孩子的手段或方法。这样一来，父母与子女之间的交流互动就充满活力并不断发展变化，孩子也会因身在其中而获得了成人的经验和成人看待问题的视角。

作为孩子生物学意义上的父母，他们的权力和权威基本上是无可质疑的，因为孩子生下来就进入到了一个能够确保他们得以生存和学习的关系之中。事实上，将责任、权威和权力都放在父母身上有以下的优势：

- 父母更强大；
- 成年人有更多的资源，如金钱、食物，能提供更好的安全保障；
- 不管是法律上还是文化上，都赋予了父母对孩子的责任、权威与权力；
- 成年人更机敏，更善于利用各种经验和知识；
- 成年人的心理更成熟，更有责任心，更善于进行自我调控，并且更善于进行心智化。

但是，权力关系并不总是固定不变的。权力只有通过活动和人际互动才能得以彰显，因此，父母与子女之间的权力，更应该被当成一个关系性概念。父母始终有责任运用权力去照顾好自己的孩子，有责任帮助孩子成为社会的一员，使孩子发展成一个最终能够对自己负责的独立个体。

婴儿自出生起，就本能地能够判断其父母运用权力的方式。他们生来就具有的认识能力论①，或者说具有一种超意识，能够准确判断出教育他们的人是否是好的教育者，也就是说，能够准确判断出其父母运用权力的方式是否恰当、是否对他们有好处。这种认识能够保证孩子将重点放在权力是否被滥用上。在进行判断以及做出反应的时候，婴儿其实并没有太多选择的余地，但是在其父母没有很好履行相应责任的时候，他们的确也还有一些选择。当父母所给予的教育不恰当时，孩子会不情愿地将目光转移、回避目光接触。当孩子再大一些，随着他们生理与心理的成熟，他们的选择余地也会大一些，比如反对或者逃避其父母的教育，或者寻求其他的教育者。

很明显，父母对其权力、权威和责任的处理方式非常重要。比

---

① 或知识论，其关心的主要问题包括有知识是什么、知识如何获得。——译者注

引　言　以开放的心态去拥抱孩子的情绪

如，当孩子长大后，父母也许不再比自己的孩子更聪明、更强大，那又该如何去维护自己的权威呢？同理，在孩子的成长过程中，你又如何教育孩子去使用权力和权威呢？这一点也非常重要。

接下来，我们将详细介绍一下在育儿过程中的一些权力使用方式，以及在不同情境下、从长远来看哪个最合适。传统上，人们将父母可应用在孩子身上的权力分为五种不同的类型，即惩罚权、奖赏权、合法权、专家权与认识性信任（见图I-2）。在最早的权力模型中，最后一种被称为参照性权力，但由于这与心智化理论中的认识性信任有很多共同之处，所以我们在此将其称为认识性信任。

图I-2　五种权力模型示意图

资料来源：French & Raven, 1959

至于如何对待权力的这几种类型，可以参照健康饮食金字塔模型①，尽量将重点放在底层、尽量少关注顶层。不过在育儿过程中，所有的方面都应该考虑到。直到现在，我们都是将权力与权威放在

---

① 健康饮食金字塔模型最底下一层为水果蔬菜类，吃最多；其上一层为五谷杂粮类，多吃一些；再上为奶制品、肉、蛋、豆、鱼类，适量吃；最顶层为多油多脂类，尽量少吃。——译者注

15

一起讨论，但是诸如奖赏权与惩罚权这些权力形式通常被发现是处在金字塔的顶部，而那些对应于我们所认为的权威的权力类型，则常常处在该模型的底层。

对父母而言，仔细思考一下自己所使用的权力类型，是非常有帮助的；此外，最重要的是你要知道自己是如何界定这些权力，你对这些权力的运用是建立在你对权力的个人认识基础上。不难想象，孩子看待某一形式的权力时，很可能与其父母的角度完全不同。比如说，父母可能会认为自己不让孩子去参加 Facebook 组织的聚会，是在运用专家权力，因为参加者都是互不认识的年轻人。但孩子的看法可能完全相反——会将这看成惩罚权。作为一个心智化的父母，明智的做法是要从孩子的角度去思考自己运用了哪种类型的权力。

惩罚权

惩罚权的内涵非常广泛，既包括暴力、禁足、羞辱、责骂、取消某些待遇，也可以是让孩子承担其行为后果。这也是传统育儿模式当中的常见权力类型。有些学者认为，这种类型的育儿模式可以追溯到人类祖先最早垦殖土地的时代，后来人类社会就慢慢发展成了越来越具阶层等级的社会结构。因此，有必要将孩子培养成一个听话、努力做事的人，使其顺利融入现存的社会结构中。

在法律制度出现之前，惩罚常常被用来作为维持秩序与规则的手段。人类祖先将某个人赶出聚居地，是为了整个族群的生存，为了守护共同的规范和价值观，以确保族群成员的共同合作。因此，这种做法能够得到族群中其他成员的拥护。这些行为对族群乃至其成员都有好处的事实，可能正是我们为什么不喜欢那些不遵守共同规范的人，以及在看到秩序得以恢复、正义得到彰显时感到满意与如释重负的原因。这也意味着我们在实施惩罚时能感受到生理上的愉悦，虽然这一感受确实存在着巨大的个体差异。

这个感受可以通过脑部扫描技术来进行测量。因为有研究表明实验对象在对别人实施惩罚时，脑部扫描显示他们的大脑中那些负责愉悦的区域会有所反应。这大概能很好地解释大家所熟知的正义感。在我们的正义感被亵渎时，会让我们产生强烈的情绪反应，会让我们觉得违反者需要接受一定程度的惩罚，才是合适的、公正的。

正义需要得到匡扶这一理念也特别适用于养儿育女。比如，一位居住在法国的母亲，说起她因为在教育儿子的过程中不采用体罚而被其他人所反对的经历。生活中其他一些诸如"他自找的""报仇雪恨、大快人心"之类的俗语，也反映了人们在惩罚别人时会感到愉悦的特点。但是很明显，人类天性也会让我们觉得惩罚行为似乎不大合适。父母在育儿过程中想使用惩罚的时候，往往也是父母对孩子无能为力的时候，而这也可能会引发他们自己孩童时期的那种无助感与无力感。这种无助感和无力感的产生，意味着他们丧失了进行心智化的能力，惩罚因此就成了他们的首选方式。

在亲子之间发生冲突的时候，父母可能会觉得自己头脑中已经无暇再去关注孩子的内心状态，而是代之以一片空白或孩子的负面形象。当你的头脑中一片空白,或者充斥着孩子负面形象的时候,惩罚似乎也就顺理成章了。随后,你自己可能会对自己的这一做法的合理性做出解释,告诉自己惩罚孩子是对他们最有利的明智做法。比如,"我受够了""要不然他还能学什么呢""我应该忍受她的行为吗",或"如果我不惩罚,他就会被惯坏了,那就没人能够忍受他了"。

身体暴力则是最差劲的惩罚方式之一。但是,暴力又始终存在于养育子女的过程中。比如美国著名儿科医生本杰明·斯波克(Benjamin Spock, 1903—1998)在其经典的儿童护理著作《斯波克育儿经》(The Common Sense Book of Baby and Child Care)中写道:

我特别反对打孩子屁股,但我认为这比起对孩子的长期不认可,危害还是要小一点,因为这对孩子与父母来说,气氛已经变得明朗了……此外,我觉得让小孩子知道自己的所作所为使父母生气到要打自己屁股的程度,是没有什么坏处的。

如今我们都知道在暴力家庭长大的孩子,会出现许多发展方面的问题与障碍,比如攻击、焦虑、抑郁、学习障碍、冲突管理困难、心智化能力较低等,还有可能出现诸如认知、社交和情绪方面的障碍。从长远角度来说,暴力惩罚对孩子的发展是有破坏性作用的,短期的负面作用同样存在,因为这会激化亲子之间的冲突。如果将暴力行为施加到孩子身上,或者对孩子进行身体上的限制,那么孩子的肌肉就会收缩,由此导致孩子体内释放肾上腺素,从而使孩子感到紧张与压力。同时,暴力惩罚还会导致孩子的大脑关闭心智化功能,以及其他对学习来说非常重要的脑部区域。此时孩子的大脑会将全部资源集中在战斗、逃跑与僵住模式的处理上。一旦这一系统被激活，就会减弱孩子大脑那些负责学习的脑区活动，而负责冲突的脑区活动则可能被增强。

父母是孩子行为的榜样，他们通过权力与暴力去解决棘手的冲突，那么孩子会将自己所看到的这一模式进行内化，学会采用同样的策略去解决问题。这就意味着孩子会和他们的父母一样，很难处理好自己与朋友乃至与未来伴侣的冲突。

8岁的杰米常常在学校与朋友打架。当老师找到他谈话时，他就"大发脾气"，这样一来即便是小小冲突，他也经常被带到校长室。而到了那里，他也常常表现得很粗野，结果通常会叫来他父亲。杰米非常怕他父亲，他父亲一来，他就变得沉默了，蜷缩在椅子上，要他做什么就做什么。杰米的父亲不明白学校老师为什么不对杰米惩罚得严厉一些——这对杰米很有效，而"杰米知道，如果他与他父亲耍脾气会有什么后果"。他父亲并没有意识到自己的惩罚策略使杰米产生了无力感，导致他在遇到冲突时想不到建设性的解决策略。

上一例子表明杰米控制不了自己，不能妥善地解决冲突。但明显的是，杰米自己也是经历过攻击与敌意的。这一例子清楚表明，暴力并不是一种好的育儿方式。

在育儿的过程中，确实存在着一些比暴力更适合一点的惩罚方式，虽然它们也都有一定程度的负面作用。惩罚最大的问题是会破坏信任，而信任又是学习得以产生的重要前提。育儿的关键是要让孩子信任那些负责教育他们的人。父母本应成为抚慰、教育他们如何控制情绪，以及如何进行心智化的人，反而成了他们的焦虑与恐惧之源，导致失去孩子的信任。由于信任是学习得以产生的基石，所以这就是惩罚的最大问题。也许你应该牢牢记住下面这句话："千万别让纠正破坏了感情"。

育儿过程中较为合适的一种惩罚方式，就是让孩子承担行为的后果。虽然这也是惩罚的一种形式，但这种惩罚比较轻微，孩子应该能够理解，并且父母可以让孩子清楚地看到行为所带来的后果："如果你丢了手机充电器，那么想买新的就得你自己存钱。""如果不穿上外套，你就会感冒。""你把你妈妈叫作母老虎是不好的，因为母老虎不会给你零花钱。"

年纪较小的孩子可能难以从行为的负面后果中学习。比如你想一想，一个刚刚开始学习走路的小孩子，会在摔倒后不断地站起来。这当然是好事，因为孩子摔倒后，并不会因为这一负面后果就在地上爬了，而是会继续不断地努力站起来。通常来说，很小的孩子从惩罚中能够学到的东西微乎其微。事实上，在 11～15 岁之前，孩子并不能真正地从惩罚与行为的负面后果中学到什么东西。小孩会经常遭遇到失败，因此对他们来说体验到负面后果是正常的，也是一种常态，就如前面的摔跤。但这并不会带来什么学习，因为只有在事情偏离常态的时候，我们才能获得最好的学习。15 岁的孩子获得成功的机会要远远多于失败，也就是说，成功是他们生活中的常态。因此，他们才能从失败中进行学习。此外，还有一种比较好的策略是明确告诉孩子应该如何做才能获得成功。这种方式会让孩子收获更多。

引　言　以开放的心态去拥抱孩子的情绪

奖赏权

父母之所以比孩子更有权力，是因为他们拥有孩子所期望拥有的那些资源，诸如各种用品、糖果、钱，或看电影、下棋之类的活动。为此，我们将表扬也当成一种奖赏，因为表扬与言语支持也是孩子所期望、希望从父母那里获得的。奖赏既可以是有形的（如物质奖赏），也可以是较具社会性的无形奖赏（如表扬）。

对父母来说，给予奖赏是一种比较好的权力运用方式，所有的父母都或多或少地运用过奖赏。如果奖赏是有形的，比如用物品或活动作为奖赏，那么随着孩子已经学会了某个行为之后，给予的奖赏不能太大，并且还应该逐渐减少。这个时候，更为合适的是采用表扬来作为奖赏，因为有形奖赏会带来许多负面影响。首先，这是一种费力、费钱的方法；其次，如果奖赏取消之后，所鼓励的行为有可能不再持续下去；再次，如果采用的是有形奖赏，也可能转变成一种协商式的场景；最后，还可能会带来不公正的感受，因为你需要耗费精力去设置一个界限，以避免自己不得不给予更多、更高价值的奖励品。

此外，对孩子进行奖赏的时候，父母还应该考虑到其他更小的孩子会怎么看待这个奖赏：

6岁的安娜已经习惯了得到奖励，当要她做什么事时，她通常的回应就是："我做了能有什么好处？"最后，她父母发现很难推动她去做什么事，因此他们采用了一个新的方法，改用贴纸来作为她表现出良好行为时的奖励物。安娜的妹妹对此非常不开心，提出自己也要这样的贴纸。但给了她之后，安娜却提出要另外一种类型的贴纸……

这一范例清楚说明了有形奖赏所带来的问题。也许在一开始时这是激励良好行为的捷径，但最终却变得比预想的要复杂，更难以进行心智化。当然，我们也可以采取一定的方式来避免这个问题，比如可以设置明确的规则，说明在什么情况下才能获得奖励；或者，在学习新东西的时候，给予一些小小的奖励。然而，最重要的是作为一种规则，我们更应该强调，在一个心智化家庭中，大家理应毫无异议地彼此帮助。

表扬是一种非常好的奖励方式，但不同的表扬方式效果不一。最有效的表扬是具体的，而且要具体到孩子个人身上。此外，表扬的应该是行为，而不是孩子。这就是所谓的"过程性表扬"。比如，"你把盘子放进了洗碗机，我非常高兴"，而不是说"你真棒"。这种表扬鼓励的是孩子"把盘子放进洗碗机"这个行为，由此能让被表扬的人感觉到自己的进步。研究显示，接受过程性表扬的孩子更为关注做事的方法和做事的努力程度。当孩子觉得事情困难时，重要的也是要关注过程："让我们谈谈你在做什么，看看你下次怎样才能做得更好"或"这真的很难，但是你已经努力了"。不过，表扬太多也不好，比较好的做法是偶尔表扬，而不是一直表扬。但最差的做法是不管孩子做了什么，都始终不给任何表扬。

引　言　以开放的心态去拥抱孩子的情绪

合法权与社会性权力

合法权是建立在大家所公认的共享规范与价值观，以及群体所公认的接受其管理的基础上。这种权力表现得尤为明显的是那些由法律所赋予的机构或岗位，人们在工作中所行使的权力并不是来源于他们自己，而是来源于外部，是由政治家、警察、法庭所拟定，并在实践中加以强化。比如，法律规定父母有权利和责任去抚养与教育孩子，这也是《联合国儿童权利公约》（*UN's Convention of the Rights of the Child*）中的内容，这也是合法权的典型例子。在某些文化中，父母身份的正统性与合法性，还会通过语言和神话故事来做进一步的强化。比如，要尊敬你的母亲，因为"她生了你"，这其实就是一种非常强烈的社会规范。这种由法律所赋予的合法权，父母用起来通常也容易得多，因为这是不容质疑的："事情本来就是这样，这是法律规定的。"这就像绝大多数父母都知道，让自己10多岁的孩子坐车时系上安全带，要比说服他们戴上自行车头盔容易得多。

合法权不仅与法律法规有关，同时还与所属文化或所属群体中那些默认的不成文规则、规范和价值观有关。如果你违反了那些不成文规则，那你可能会体验到与强大权力对抗的滋味，并面临着被社会排斥的风险。比如，你收到圣诞节礼物的时候也需要给对方礼物，就是不成文的规矩。若一个阿姨在收到礼物的时候很开心，然而年复一年地不给别人回礼物，很可能别人就不再送她礼物了，同时她可能还会遭受到社会排斥（比如不邀请她参加圣诞聚会）。排队是另一个不成文规矩的例子。如果有人在超市里排着很长的队伍中插队，那么很可能会遭到队伍之中其他人的反对，因为这违反了不成文规矩，人们会对此做出反应。

下面这个例子清楚说明了即使没有明确赋予你合法权力，但你若想维护建立在法律基础上的规则，会多么的容易：

罗拉是一个11岁的小女孩，她把朋友穿着比基尼的照片上传到了自己的照片墙（Instagram）个人网页上。她的继母努力劝说她将这些照片撤下来。罗拉回应说："你说了不算，你又不是我妈妈。"继母顿了一下，然后说道："其实，贴别人的裸照是犯法的。""谁问你的意见了。"罗拉砰地一声关上了自己的房门。但五分钟后，这些照片就被撤下来了。

罗拉的继母苦于缺乏本属父母的合法权，毕竟她只是继母。但是，在没有征得同意就将别人衣着暴露的照片贴在社交网站上是违法行为，是罗拉能够理解的一种合法权。

为了让自己的权力具有合法性，你也可以运用群体的力量。受圣雄甘地的启发，以色列心理学家哈伊姆·奥马尔（Haim Omer）于2004年出版了一本名为《非暴力抗争》（*Non-Violent Resistance*）的书。在这部著作中，作者探讨了可以将社会性作为一种强大的力量，因为如果人们想成为群体一员的这种需要，就使得他们不敢去冒被群体排斥的风险。在奥马尔看来，把自己的不同意见大声说出来，会对孩子的行为产生积极的作用，比如："在彼得还没有坐到椅子上之前，我们大家都不能吃甜点。""抱歉，妈妈，我要打断一下，因为玛丽刚才做手势让我滚开。"不过在你运

引　言　以开放的心态去拥抱孩子的情绪

用这种权力的时候，最重要的是要认识到，这虽然也是一种惩罚，但会有积极的作用，所以你可以经常使用。

专家权——让自己变得更聪明

　　人们常说知识就是力量。确实，知识在父母与子女的关系中具有非常重要的作用。父母对这个世界的认识要比孩子更多、更深入；而另一方面，孩子也天生就有兴趣去了解他们所处的这个世界。例如，一位母亲正试着给她的女儿解释在网上经常出现的cookies这个词，因为她们正在一个使用cookies技术的网站上购买节假日出游的各种票。她的女儿饶有兴趣地听着，然后说："我还以为那些突然弹出页面询问我是否接受cookies（该词在英文中也有"饼干"的意思）是一家销售烘焙食品的公司的广告呢，如果你答'是'的话，就有可能获得饼干。"通过给女儿解释"饼干"问题，这位妈妈拓宽了女儿对这个世界的认识，这对她来说更有意义。

　　传递知识的过程可以帮你引导孩子，学习如何去理解并解释他们在现实中的经历。因此，知识就赋予了父母权力去定义孩子所处的世界。父母说了算：他们一岁的孩子的行为是糟糕的，抑或在他摆弄食物的时候，其实是他在好奇地探索这个世界。

　　父母还能定义孩子的社会性世界。你相信有上帝吗？哪个政治家值得信任，哪个又不可信任呢？我们是否应该吃有机食品？然而，你能够为孩子定义世界的权力并不是无限期的。虽然知识是力量之源,但它也会随着孩子年龄的增长而逐渐减弱。也许你的孩子不一定很快就变得比你更聪明,但他们对某些方面的了解却可能比你多。想想如今的技术创新和现在大家所关心的话题,你就会发现在这些领域,父母往往很难跟得上孩子的节奏。

有位父亲被家人认为几乎无所不知。一旦他妻子与两个儿子讨论什么事,通常的结果就是:"问爸爸去!"随着孩子年龄的增长,大儿子很快就在电脑和手机应用程序方面知道的比他父亲多了。这位父亲还发现孩子在做作业时也不再找他帮忙,尤其是当他儿子对他说了下面这段话后他觉得很伤心:"你对那个一点都不懂,我自己可以搞定。"而最大的危机出现在儿子11岁的时候,因为儿子不再听从他对足球方面的见解,没有按他说的去支持托特纳姆热刺队,而是成了切尔西队的球迷。

在上面这个例子中,父亲不再是那个有权力帮儿子定义世界的、更为聪明的人了,比如哪支足球队最好。这时候,如果这位父亲不去抓住接下来要讲的这种、也就是最后一种权力的话,那么他在处理儿子的青春期时可能会遇到麻烦。

认识性信任

认识性信任最初被称为参照性权力,它与心智化理论中的认识性信任这一重要概念有很多共同之处。

认识性信任与孩子对教育者的信任有关,孩子必须相信教育者

引 言 以开放的心态去拥抱孩子的情绪

会教一些与他们切身相关的、具有普遍性的,且是他们觉得很有价值的知识。就如前面我们所指出的,这是决定孩子能否进行学习最重要的因素。儿童天生就很警觉。我们这里说的警觉并不是指不去信任,而是指他们不会盲目信任。因此,学习之前孩子会有一个筛选信息的过程,一旦警觉被启动,那么学习的大门也就关闭了。不过,问题不在于孩子天生就有这种警觉,而在于警觉是在什么时候才表现得最突出。

那么,你怎么才能激发出孩子的认识性信任呢?怎样才能用认识性信任来取代孩子这种天生的高度警觉性呢?很简单,你只要让自己成为孩子想要学习的人、让自己的思想比孩子更成熟就可以了。你可以用明确的信号或线索做到这一点,比如,照顾者能够运用的线索可以是与孩子的目光接触、妈妈式口吻,以及对孩子的反应保持开放态度。

因此,若想激发孩子的认识性信任,其实也很简单,你只要成为那个孩子想要学习、思想更成熟、对孩子的成长与学习负责,以及看来更喜欢把孩子当成是独立个体的人就好了。一句话,就是成为一个能够自我控制、对孩子负责并且了解自己、了解孩子的人(即心智化水平较高)。由此,如果父母能够自我控制、负责任且能心智化,那么就能激发出孩子对自己的认识性信任。

自我控制

儿童信任的父母是那种能够进行自我控制,有能力成为孩子的行为榜样，并能教给孩子如何管理情绪，始终处在心智化状态下的人。这就意味着父母教给孩子的是强大的心智化状态，而非将心智化失败的样子传递给孩子。这时候，父母成为孩子学习的行为榜样，并且能够保持心智化状态，这样就能奠定孩子认识性信任的基础。能够自我控制的照顾者会被当成天生的权威，而能够控制好情绪的父母也会自然而然地被视为心理更成熟。如果孩子感觉到父母能够自我控制，那么他们的高度警觉性也会随之降低。

一位新生儿的父亲因为妻子去看医生了，让女儿帮着暂时照看一下小弟弟，结果他听到女儿在客厅绝望地大声喊叫。她的身子俯向自己的弟弟，看到他嘴唇发青，并且身体在抽搐。这位父亲可以看到儿子眼神中的恐惧，而女儿正在绝望地喊着。他感到一阵无力，但仍然努力控制着自己。他让女儿脱下弟弟的衣服，因为身体抽搐有可能是因为突发性高烧引起的。他努力让自己平静下来，在看着女儿做事的同时拨打了医院急救电话，然后看到儿子的抽搐开始减弱了。正是由于他能够保持自我控制，才能让女儿救了她的弟弟。

虽然这个例子可能会有点极端，但日常家庭生活中确实会有很多情况下需要父母去控制自己、展示自己较为成熟的心理。

当父母想要孩子将注意力集中在某方面的时候，可以控制自我的父母就会用那种专门调整好的、且特别适合孩子的腔调（妈妈式口吻）跟孩子说话。父母还可以对亲子之间的对话进行调节与控制，以便使对话双方都有机会说话。控制自我以及控制自己不受感情或环境所影响的能力，也是正常的有利于个体成长的发展性互动的重要成分。通过这种模式的互动,既可以使孩子发展出他们内心真正的自己,也能教会他们去控制好自身的情绪。

负责任

孩子信任的是那种看起来负责任、其所营造的环境既安全又能鼓励孩子勇于学习的父母。那些会给孩子设置一定界限的父母,所营造的环境起初是孩子所不了解的,但随后会被孩子内化。此外,负责任的父母所做出的决定是有意义的、能够培养孩子的领导力。很长时间以来,人类就一直生活在等级社会中,并且乐于遵从这种等级,因为在其中权力的使用是公正、有意义的,且能最大限度地减少各种冲突。等级制度能够给人们带来安全感与意义感,比如家庭在父母的带领下打造出了一个让大家觉得安全的团体,使大家朝着生活有意义、且有责任感的方向努力。这种父母确保了孩子能够上学、清洗牙齿,他们所创造的环境既安全又积极。

为了对小孩子负责,父亲与母亲必须共同努力去给孩子设置界限,以及营造一个安全的环境:该怎么吃饭、该什么时候上床睡觉,早上要什么时候起床、什么家务又由谁负责,等等。青春期的孩子对父母来说可能会特别有挑战性,因为这个时候的父母既要负责任,又要学会对他们放手。

一位母亲帮刚刚在儿童圣诞节聚会上玩得筋疲力尽的女儿盖好了被子。她一天到晚都很负责:她会确保孩子在吃糖果之前就已经吃了真正的食物;她解决了女儿与那个想要玩通宵、却又明显很累了的小朋友之间的争端;她确保女儿在上床之前就刷了牙,讲了睡前故事,并回答了女儿的各种问题。最后,她终于有了一点安静的时间，把自己扔进了沙发，手里拿着一包圣诞节聚会时圣诞老人给女儿的糖果准备开吃。这时女儿突然进来了，问道："妈妈，你在吃什么？"这位妈妈下意识地回答说"没什么"，但她马上意识到自己要成为一个让女儿学习的负责任、诚实的行为榜样，"对不起，"她说道，"我吃了一块你的糖果。"女儿不干了，吵着也要吃糖。她能理解女儿的想法，但是仍然坚持着刷牙之后不能吃糖的原则，答应第二天再去给女儿买新的糖果。

尽管这位妈妈在糖果的处理上有点不大负责任，但她成功地回到了正确的轨道上，显示出了一个负责任的、展示出良好行为的学习榜样，并很好地解决了两人之间的小冲突。

心智化

儿童更信任的父母是那种能够理解自己与孩子，并且能够建立和保持心智化的人。当孩子感到父母能够理解自己说的话时，他们的警觉性就会消失，就会学着对自己进行心智化。这就可以营造出一个鼓励孩子去聆听以及从他人角度去考虑问题的氛围。

两岁的莎拉对她的小妹妹并不是很友好。莎拉的母亲理解莎拉成了姐姐、失去了一些父母原本可以陪她的时间，这对她来说是一个巨大变化。由于莎拉年龄还不够大，难以理解她妹妹的需要，于是她妈妈对她说："我知道有了小妹妹会让你不高兴——我们去看看你的新滑板车，就咱俩去。你滑得那么好，我还没看过呢。"

根据心智化理论，心智化是一个由内而外的过程。父母是对孩子进行心智化的人，孩子也能通过与父母之间的互动来学习心智化，

引　言　以开放的心态去拥抱孩子的情绪

且其中大多是在与母亲的早期互动过程中学会的。但若情况并非如此呢？幸运的是心智化理论认为，在人的一生中，任何阶段都有可能进行心智化。不过，这里的前提是你想成为一个了解人类心理如何运作的父母，或你是想成为一个以父母为榜样的孩子。

RAM 的灯塔模型

在计算机语言中，RAM 代表着随时可以读、写的内存。与此类似，在发生冲突的时候，父母也必须快速对自己的一部分心理进行心智化。特别是在与孩子的冲突中，父母很可能会遇到对自己心智化失败的情况。比如，你大半夜去找那个和朋友一起看电影却喝醉了的青春期孩子，或你两岁大的孩子在你购物时嚷嚷着要吃冰激凌，或大半夜抱着不肯睡觉的孩子站在漆黑的走廊上。下面这个例子清楚说明了 RAM 模型中的三个概念，也就是自我控制、负责任与心智化为什么成了权力的必要形式。

12 岁的米娅一直是个快乐、开朗的女孩，有很多朋友。然而突然有一天情况大变。事情发生在一次聚会上，米娅的同班同学安排大家拼车，结果发现除了米娅外，所有人都有位子。于是米娅让父母把自己送到了聚会上，不过在那里她只能与其他班的女孩待在一起。这些女孩对米娅很讲义气，对米娅的同学说她们这样排斥米娅很不好。结果导致了争执，此后米娅的同学对她更加冷淡。米娅从之前的每天同朋友玩，到如今不再与任何人在一起。她将自己孤立起来，待在她自己的房间，并且在家变得脾气暴躁、极有攻击性。她妈妈感到自己也变得非常容易对她生气。有天米娅对她妈妈吼叫，她妈妈也很想吼回去："你同学不再找你玩也许是有原因的！"但她控制住了自己，提醒着自己是一个成年人，需要保持自我控制，需要成为一个负责任的人去帮助米娅解决好与同学的纠纷，最后，她还提醒自己要保持住心智化的状态。她需要对米娅进行心智化，也需要对那些排斥女儿的同学进行心智化。那些女孩的母亲都很友好，因此米娅的母亲尽力让自己成为一座灯塔：她邀请那些女孩的妈妈来一起讨论这个问题，而这次会面的结局很不错，给这群女孩带来了积极的影响。

随后，我们将利用 RAM 的灯塔模型来阐述父母在对孩子坚持与维护自己权威的过程中，能够有效运用的权力形式。这里我们将父母比喻成灯塔（他们是自我控制、负责任与心智化的人），意指他们是处在一个坚实的基础上，不会倒下，也不会被冲垮。他们看得更远，既能够教导自己，也能在孩子遇到汹涌、狂暴的风浪时指引孩子。他们还能点亮孩子心中的明灯，使孩子能够照亮自己，从而照亮他人。

第1章

成为自我控制、负责任和心智化的父母

在本章中我们将为大家介绍一下心智化理论中那些与育儿有关的基本概念，比如心智化、心智化失败以及心智化失败之恶性循环。另外，还会介绍与心智化失败相对的开放性思维方式，并对权力与权威这两个概念用示意图的方式进行讨论。

接下来，我们还会介绍与心智化有关的大脑机能。大脑如今是一个大家都很熟知的人体器官，这很容易理解，毕竟过去几十年来我们对大脑的运作已经有了很多了解。然而我们需要记住，人类大脑中还有很多是我们所不了解的。例如，脑成像技术表明人在经历某一特定状态时的大脑成像是非常不稳定的，比如，握着别人手时的脑成像会一直处在变动之中。因此，虽然现在的大脑研究能够帮助我们更好地了解孩子以及孩子与他人的交往活动，但重要的是要记住，我们要用这些知识来帮助自己进行心智化，帮助我们更好地理解孩子，而不是简单地把你或你的孩子看成一个大脑。

心智化让你学会从外部看自己、从内部看别人

心智化指的是根据自己或他人的心理状态去理解自己或他人的行为，这些心理状态包括情绪、需求、目标、推理和想法。心智化方法特别适合那些与儿童和青少年打交道的人，因为它提供了一个全面的理论框架，可以帮助我们了解如何才能最大限度支持儿童的成长与发展。如果父母能够在与孩子的互动过程中进行心智化，那么他们的孩子也能获得心智化能力。

乍看起来，心智化貌似很简单，似乎不言自明。但一旦你继续

第1章 成为自我控制、负责任和心智化的父母

深入，就会发现这个概念比你预想的要复杂得多。图1-1可能有助于你更好地把握心智化的内涵。

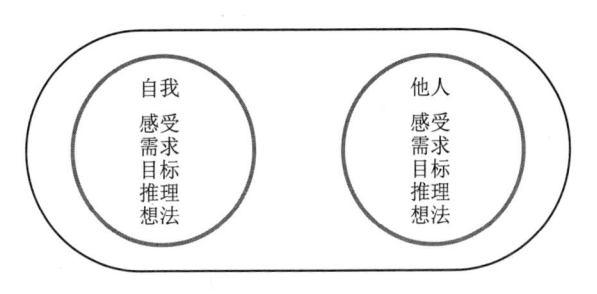

```
    ┌─────────────────────────────────────┐
    │   ╭──────╮           ╭──────╮      │
    │   │ 自我  │           │ 他人  │      │
    │   │ 感受  │           │ 感受  │      │
    │   │ 需求  │           │ 需求  │      │
    │   │ 目标  │           │ 目标  │      │
    │   │ 推理  │           │ 推理  │      │
    │   │ 想法  │           │ 想法  │      │
    │   ╰──────╯           ╰──────╯      │
    └─────────────────────────────────────┘
```

图1-1　心智化示意图

你该怎么做

- 心智化还有另外一些说法，比如"把注意力放在你自己和别人的心理状态上""对误解进行理解""从外部看自己、从内部看别人""看到行为背后，不为表面所惑"。
- 一旦你感受到了强烈的情绪和想法，那就要积极主动地去思考你的内心在想什么、你孩子的内心又在想什么。
- 心智化就好比学骑自行车。一开始你所关注的大多是自己正在做什么，但随着慢慢的进步，这一过程就越来越自动化了。但千万不要过于依赖自动化的心智化，因为它有时会欺骗你。你需要主动地对心理状态进行思考。
- 对行为背后的心理过程保持好奇心，你就能够训练你的"心智化肌肉"。
- 你永远无法确切地知道别人内心在想什么，因此你的任务就是尽力去猜测，要始终对别人内心所想的各种可能性保持开放心态。

- 心智化是构成积极自我、完整自我的重要成分，也是影响我们的情绪以及与他人关系的重要因素。
- 心智化在处理人际冲突时是一种特别有用的方法。

建议与可行策略

首先对自己心智化，然后再对你的孩子心智化。一旦进行了心智化，你就能控制好自己的情绪。重要的是你要记住，图1-1只是对现实情况的简单表示，因为心智化指的是对自己以及对他人心理状态的了解。这就意味着情境中任何一方的心理状态都非常重要，不仅仅是指互动中的孩子与父亲或母亲，还包括周围能看到、能听到的其他孩子以及父母中的另外一位，因为他们也可能会被这一互动所影响。

具体范例

有位母亲看到一本杂志上说，有很多人将他们的沙发靠墙摆放。她尝试着将沙发摆放在房间的中央，结果发现效果非常好。她丈夫与大女儿也是同感，但她那最小的12岁儿子迈克不这么看，并趁她们三人外出买东西的时候，艰难地将沙发拖回到原来靠墙的地方。当她们三人回到家的时候，这位母亲非常生气，告诉迈克说家里的家具怎么放他说了不算。她勉强让自己进行心智化。首先，她感到非常生气，并且有种无力感（感受）；她的脑海之中一直盘旋着"没人尊重我"这一想法（想

第1章 成为自我控制、负责任和心智化的父母

> 法）；觉得自己的良好用心没有被认可（需求），也就是说，她希望有个漂亮的家（目标）。她小时候的家里净是一些旧家具，自己没的选，而她也一直为自己住在那样的房间感到难为情（推理）。至于她儿子，她知道迈克很伤心、很害怕（感受）；他希望事情是可预见、清楚明确的，他不喜欢变化（需求）；而且迈克最近在学校里有一些不顺，他想把事情安排得更有条理，从而给自己营造一个避风港（目标与推理）。
>
> 这位母亲通过心智化这一小小的过程，让自己在较好地控制了情绪的状态下去接近她儿子的内心，并且向他说明将沙发摆在房间中部的原因。然后，迈克问能否在他一个月后的生日时把沙发摆回到原来的地方，"在你生日的时候，你想摆哪儿就摆哪儿。"她回答道。

警惕心智化失败的信号——情绪的爆炸式反应

当你停止关注自己和他人心理状态的时候，就会出现心智化失败。这就意味着你无法留心自己乃至他人的情绪、需求、目标、推理和想法。在你情绪非常激动或感到威胁的时候，就会失去心智化的能力。儿童会经常体验到心智化失败，因为他们还没有发展出高水平的心智化能力。而你作为一个成年人，要努力让自己不受此影响，要让自己成为心智化的学习榜样，因为孩子只靠他们自己的话，还做不到心智化。

任何人都可能会体验到心智化失败，或多或少几乎每天都会遇到。在心智化失败的时候，有的人可能会表现出非常激烈的爆炸式

反应；而有的人则可能只会关闭了心智化，变得沉默，看起来很平静，但是他们已经失去了与自己或他人心理状态的联系。

你该怎么做

- 你对心智化失败所带来的危害了解得越多，就能更好地了解自己、了解自己导致心智化失败的诱发因素有哪些（即那些会使你的注意力转移到其他方面的情境，或一些消极情境，或一些能够让你感到焦虑、愤怒、紧张等强烈情绪的情境）。
- 你对心智化失败所带来的危害了解得越多，你就能更好地了解你的孩子以及他们的诱发因素。
- 在你孩子心智化失败的时候，你首先需要做的是保持平静，并对自己进行心智化。
- 如果你不能对自己心智化，那么你是无法帮助别人进行心智化的。

建议与可行策略

其实，可以将心智化失败当成那种非常有意思的挑战，你可以借此来训练你自己以及你孩子的心智化能力。你可以利用图 1-2 与其他成人以及较为年长的孩子，一起讨论心智化失败之前的那一瞬间会发生什么。在那一刻，你就好像走入了一个黑洞，不仅无法了解自己，也无法了解别人。

当你回到心智化的轨道上时，此刻的心智化状态还是非

第1章 成为自我控制、负责任和心智化的父母

常脆弱的,很容易中断,尤其是在有人质疑或挑战你的情况下。一旦你的心智化能力得以恢复,那么你就能够从一个完全不同的角度去看待事情。

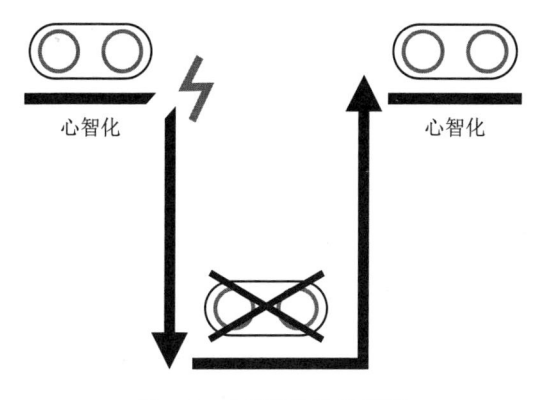

图 1-2 心智化失败示意图

具体范例

一位父亲刚刚叫醒了 9 岁和 14 岁的女儿,然后自己在盥洗室边洗漱,边与她们说着话,突然他想起大女儿莉娅说过今天要穿干净的运动短裤去学校。他走进女儿房间,说道:"看看我帮你洗了什么,你今天可以穿了。"就在他刚刚将一只脚要跨进莉娅的房间时,莉娅砰的一声当着他的把门摔上了,大声吼道:"出去,你个白痴!"

这位父亲非常生气,房门几乎要撞在他的脸上。他踹了一脚紧闭的房门,然后气冲冲地走进另外一个女儿的房间。这个女儿还在床上玩手机,他冲她大声吼道:"马上起来!你到底知不知道自己在做什么?你不能看那玩意。现在起来!"然后

走了出去，在经过莉娅的房间时，又踹了一脚关着的门，大吼道："我要走了，我再也受不了这个疯子待的地方了，周末生日派对取消了，知道吗？"

不要让彼此陷入心智化失败的恶性循环

可以将心智化失败描述成一个恶性循环的过程。一开始，你感受到了强烈的情绪。这种强烈情绪导致你心智化水平不足，这意味着你很难去了解他人。此刻，你会开始对他人的感受与想法做出负面的推断。继而，这些推断又会影响到你的行为，而这又会对他人的感受与想法产生影响。结果就是，他人的行动再进一步刺激你的情绪。这样一来，这个恶性循环就会不断继续下去，并会扩散到他人身上（见图1-3）。

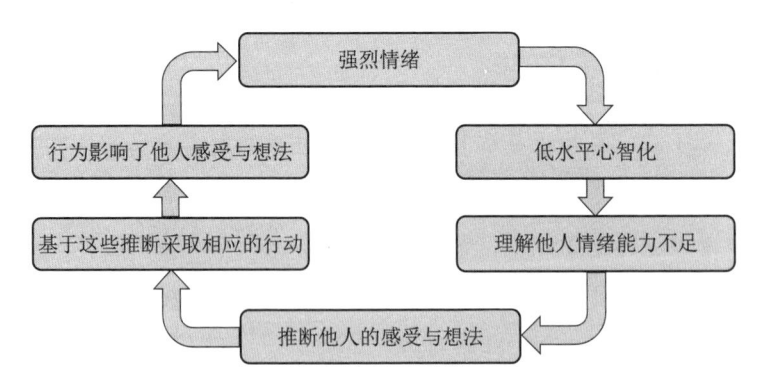

图1-3 心智化失败恶性循环示意图

你该怎么做

- 将注意力集中在强烈情绪导致心智化失败的过程上——打破恶

性循环；
- 第一个意识到心智化失败的人必须将心智化带回到两人的互动中；
- 如果心智化失败是出现在大人与小孩的互动中，那么心智化的恢复永远是大人的责任。

建议与可行策略

首先你必须认识到这个极为常见的恶性循环会带来哪些危害，其次你必须通过保持自己的心智化状态来改变这种恶性循环。

具体范例

在度过了漫长的一个星期后，6岁的莉萨与她爸爸在周五晚上出门去买东西。莉萨很不满意地说道："我要买糖！"她父亲很生气，说道："我们说过很多次了，周五晚上你可以吃点糖，但这太多了。"然后从她手里拿过糖果袋子（强烈情绪与低水平心智化），将其中的大部分糖果放回到了架子上。莉萨说道："爸爸，你拿走了我最喜欢的糖！"父亲回答道："别闹了，莉萨。"（理解他人情绪的能力不足）。莉萨乞求地说道："爸爸，不要嘛，那是我最喜欢的小丑糖。"她父亲越发生气，觉得自己受到了挑衅，心想："她一点都体谅不到我很累，竟然还不依不饶，认识我的人都能看到她是怎样让我出

> 丑的。"（推断他人的想法与感受）莉萨又说道："爸爸，我保证不会花太多钱的，但我可以只要那个小丑糖吗？"父亲带着怒气小声地对她说："拉倒吧，你太自私了，净让我难堪。"（根据这些推断开始做出反应）莉萨哭了起来，把所有的糖果都扔在地上，根本就不听她父亲的了（行为影响了孩子的感受与想法）。

不仅从自己的角度，更要从孩子的角度看待事情

为了促进孩子的发展与成长，你必须不断努力去想象孩子的内心到底在想什么。重要的是你要明白，作为一个心智化的父母，你不仅要从自己的角度看待事情，还需要努力从孩子的角度去看待。身为父母，你很容易只关注到孩子的行为，而不是去关注那隐藏在行为背后的原因。如果你能始终让自己保持开放心态，才有可能降低你自己的情绪强度，由此了解到孩子最需要学的是什么。让你保持开放心态的方法之一是牢记"开放的思维方式"，这种思维的特点包括开明、权衡、共情、好奇心与耐心。

建议与可行策略

为了帮助孩子学习新知识以及更好地理解自己与他人，你必须将注意力集中在你自己和你孩子的内心状态上。

第1章　成为自我控制、负责任和心智化的父母

具体范例

> 3岁的卢克正在家里的草坪上挖洞，他父亲看到后非常生气，因为全家人上个周末好不容易才平整了草坪并播下了种子，而且他父亲早就对卢克说过，他只能在他玩的沙坑里面挖。不过，好在他父亲还记得要保持开放的心态，抛下了认为卢克这样做是为了让自己生气的想法。他父亲觉得，自己对草坪有着一定的需求，但卢克的需求可能并不一样。他父亲尝试着对卢克进行共情，觉得卢克肯定对自己挖了一个那么平整的洞感到很自豪。这位父亲努力让自己对为什么卢克要在草坪上挖洞这件事保持好奇，然后想起上周末大家在花园做事的时候，卢克非常崇拜地看着他们。他觉得3岁的孩子可能还需要一段时间才能理解到底在什么情况下可以在草坪上挖洞，而在什么情况下不被允许。

开明

父母与孩子打交道的时候要保持开明，避免先入为主。保持开放的心态可以避免做出缺乏变通的推测。

权衡

让自己的内心保持平衡是非常困难的，但既要从自己的角度考虑问题，也需要从孩子的角度，有时甚至还要从其他孩子或配偶的角度去考虑。

共情

共情是心智化的必要成分，需要你把自己放在孩子的角度

去思考，这样在权衡的时候，重心才会倾斜到孩子身上。你越能对孩子共情，孩子就会越有安全感。

好奇心

在你感到生气或沮丧的时候，你是很难保持好奇心的。不过，若想要了解别人行为背后的原因，最好的方式是多想想为什么。孩子的年龄差异很大，有的孩子可能难以解释清楚。即使是10多岁的孩子，可能都解释不清行为的原因，或者是不想说。这时候，最好的做法就是保持好奇心，要努力地去猜测，去思考各种可能的原因。

耐心

养育孩子是一项长期事业。不管是面对每一次的小小争执，还是对孩子长期的发展与成长，你都要保持耐心。有时候你可能觉得自己失去了方向，或担心孩子的发展走入误区。你要知道，人的成长并不是一条直线，而是有起伏的、阶段性的，有时候没有明显的进步，或在发展曲线上出现暂停。首先也是最为重要的是，每个人都有自己的发展进程。人的自然成长规律也在挑战我们的耐心，但好在这也意味着你有充分的时间可以对自己、对孩子有更多的了解。

你该怎么做

为了让自己保持一个开放的心态，你可以问问自己下面几个问题。

- 在理解孩子行为的时候，我是否表现得开明，是否有灵活性？
( )

第 1 章　成为自我控制、负责任和心智化的父母

- 我是否从不同角度对事情进行了分析，是否进行了权衡？（　）
- 我能否对孩子产生共情？（　）
- 对行为背后的原因我是否真的充满了好奇心？（　）
- 我是否给了自己足够的时间和耐心去处理这件事情？（　）

父母权力的正确开启模式

孩子生下来就已经拥有了一定的技能和能力，但与其父母相比，仍然是一种不对称的关系，因为父母对这个世界的了解要远远多于孩子，至少在孩子小的时候就是如此。父母的知识以及父母的支持，是促进孩子成长与发展的重要因素。一旦父母感到孩子开始打破这种不对称，表现出要自己做主的行为时，身为父母的你常常会产生无力感，可能会想办法找回自己的权威。这也使权力成了育儿中的一个重要概念。

权力包括有五种类型，即惩罚权、奖赏权、合法权、专家权和认识性信任，如图 I-2 所示。身为父母，这些权力是你全部需要的，不过需要特别注意的是，认识性信任是现代育儿过程中最为重要的一种权力。认识性信任中的重要内涵，就是你要成为自己想要学习的榜样——能够自我控制、负责任和能够心智化的人。此外，认识性信任还包括你要让自己成为权力运用方面的学习榜样。

你该怎么做

主要使用权力金字塔底部的权力形式。

惩罚权

惩罚可以是威胁,可以是行为所带来的自然后果,或取消某些待遇。

- 惩罚会降低信任,而我们只有在信任别人的时候才能向对方学习。
- 孩子不能从行为的自然后果中真正学到东西,想想孩子学走路时的摔跤情况。幸运的是,他们会一直努力,而不会因为跌倒了就放弃。
- 在使用惩罚时,重要的是要学会反思:"这是我想教给孩子处理冲突的方法吗?"

奖赏权

奖赏与表扬可以是得到有价值的东西,也可以是各种活动。

- 当取消奖赏时,被奖励的行为有可能也会消失。
- 这是一种耗时耗力的解决方法。
- 奖赏会造成孩子之间的竞争,争论什么是公平的、什么是不公平的。

合法权

我们都是社会性动物,有着共同的、公认的价值观和社会规范。成为群体成员的内心需求,使我们自然而然地会去遵从社会规范。

第1章 成为自我控制、负责任和心智化的父母

- 很明显,我们都不能做违法的事。不过,这是一种多少有点限制的权力形式。

专家权

孩子都很想学习,他们会去探究世界,乐于服从那些更有知识的人。

- 比孩子懂得更多并乐于与他们分享,这是一种重要的权力形式。
- 从某种意义上来说,你的知识会过时,你的孩子可能会比你懂得更多。

认识性信任

孩子更喜欢那些能够自我控制、负责任和能够心智化的人,因为他们觉得这样会有更多的发展可能性。如果有这样的父母,孩子会更有安全感,相信父母能够将他们引领到正确的方向上。

建议与可行策略

当孩子的行为失当,以及父母感受到强烈情绪、出现心智化失败的时候,惩罚就往往是父母最喜欢运用的权力类型了。乍一看,这好像是一种正确选择。但事实上,人们只能在惩罚他人的过程中体验到极为短暂的满足感,而从长远来看,孩子却从中学不到什么,并且父母还有可能失去孩子对自己的信任。

具体范例

14岁的路易莎告诉妈妈周五要去参加一个在朋友家举办的聚会,并打算晚上不回来睡。她妈妈说道:"我要先与他们父母沟通一下,然后你才能在朋友家过夜。"路易莎回答说:"不用你告诉我该做什么,我要去的,我也不会告诉你聚会的地点。"她妈妈很想拿走她的零用钱来威胁路易莎,或对她禁足(惩罚),但她妈妈仍然努力让自己成为一个自我控制的、负责任和心智化的母亲,于是说道:"你不可以那么做,但是我愿意开车送你和你朋友过去。"(奖赏)"不要告诉我该做什么,我只做我喜欢的。"路易莎回答道。但是她妈妈知道是自己说了算(合法性权力)。"你打算做什么?"路易莎问道。"我希望我们能达成一致,但如果不能,我会到聚会上去并坐在吧台那里逗留一会儿。"她妈妈回答道,因为她知道这个做法对10多岁的青少年来说可能是最大的惩罚了。

记住,你的坏情绪会传染给孩子

1996年,意大利神经学家发现了如今我们所说的镜像神经元。他们想通过科学实验研究猴子在做出有意的手部和嘴部动作时,其脑部会有什么样的变化。碰巧的是,他们发现当猴子看到研究者拿起水果送给它们的时候,猴子也表现出了一定的大脑活动。这表明猴子大脑中的这些神经元在镜映着研究者的行为。

这一发现让人们认为,大脑细胞会"镜映"出别人有意义的行

第1章　成为自我控制、负责任和心智化的父母

为。此后，对这一领域进行了许多研究，如今已发现当我们观察到他人所表现出的意图、情绪或想法时，那么这些体验也会镜映到我们的大脑中，因为这会激活镜像神经元。因此，镜像神经元是很多心理活动产生的基础，比如模仿、镜映、共鸣、共情、同情、认同、内化、心智化、主体间性，此外还有情绪传染和情绪融合。

很多现象可以用镜像神经元来解释。其实我们也可以观察到镜像神经元所带来的作用，假如有位父母通过面部表情让全家人都在同一时间对某件事达成了共识，那么就能创造出积极的团结感和同群感，这其实就是镜像神经元的作用。镜像神经元能够帮助我们去解读他人的意图，但通常很难留下深刻、长久的印象。只有在记忆、语言和情绪都被激活、共同产生作用时，这种感受才会变得突出。如果身为父母的你被难事或强烈情绪所影响，那么最好的办法就是让孩子知道，他们能够同父母谈论这些他们所感受到的、由父母身上所散发出来的信号，这对你的孩子有好处。因此，千万不要轻易流露出那些不受控制、毫无意义的情绪。

你该怎么做

- 在孩子出现诸如愤怒、焦虑、悲伤、厌恶这类情绪的时候，你一定要小心与孩子的目光接触。流露出严苛要求的眼神在交流中会引起情绪传染，导致冲突升级。
- 如果你要与孩子进行一场比较艰难的谈话，记得要坐在孩子身边，或者坐在孩子眼神直视水平线的下方。
- 当孩子出现强烈情绪的时候，记得要分散孩子的注意力，并帮助他们控制好情绪，以免孩子的情绪传染给你。

49

- 当你体验到强烈情绪的时候，一定要当心。这时候你的心理状态很容易传染。记得要控制好自己。
- 当你希望孩子去做什么的时候，要积极利用好镜像神经元的作用。比如，如果你希望孩子打扫他自己的房间，那么你自己可以先给房子打扫卫生，由此激活他们大脑中负责物体移动与收纳的镜像神经元。

建议与可行策略

诸如焦虑、羞耻、紧张之类的情绪具有高度传染性。要小心自己身上出现这些情绪，并在这些情绪传染到你的家人之前就将其控制好。

具体范例

在数学课上，有两位9岁的女孩发出了笑声。每当她俩的眼光对视，就又会发出笑声。数学老师很生气，但当他看到全班的女孩都开始笑的时候，他也不由自主地开始笑了起来。镜像神经元就是这样发生作用的。

善用三重脑假说帮孩子控制好情绪

三重脑假说（或三位一体的脑）是一种从进化论角度来阐释人

类大脑的假说。该假说认为人的大脑是三位一体的，大脑中位置靠下的部分，是源自最原始的爬行动物的大脑，负责管理人的本能之类的无意识的自主活动（被称为爬行动物脑）。一旦这部分脑区被激活，就会引起我们的战斗、逃跑或僵住反应。随后，我们进化到了哺乳动物，这也是我们大脑起源的另外一部分，被称为古哺乳动物脑，也就是边缘系统，是处理情绪和依恋的脑区。大脑最上面的是新皮层，被称为新哺乳动物脑或思考大脑。从进化的角度来看，这部分脑区是最新出现的。思考大脑负责我们的言语、推理、计划功能。与心智化有关的大脑基本功能就是由该脑区负责的。

大脑较高级的功能只能在较低级功能的基础上运行，而低级功能的活动却能独立于高级功能。也就是说，当人们被自己的情绪所控制的时候，他们只是运用了大脑中较为原始的那部分脑区的功能，这时大脑之中负责处理心智化、决策、全面考虑问题等理性功能的脑区被激活的可能性就非常有限。如果你对一个非常沮丧的孩子进行解释，那你就是在对着墙说话了，白费口舌。只有等孩子平静下来，他们的思考大脑才能被激活。如果想促进孩子的发展与成长，那么就需要让大脑的三个部分共同工作。

建议与可行策略

一个人在体验到强烈情绪时，大脑会进行复杂的加工过程。但这只是理论上的,实际上人的大脑活动还要复杂得多,就如前面所指出的,人类的大脑是作为一个连贯的、浑然一体的整体在工作。

具体范例

有位母亲在度过了漫长的白天后,去接进行体操训练的两个孩子。当她把车停在自家车道上的时候,女儿突然说道:"我把书包给忘了!""唉,好吧,没它你什么都做不了。"妈妈说道,然后开车往回走。这时候,恰好家里的小猫藏在车底下,然后她们的车撞到了小猫。小猫还在动,但是脖子断了。

妈妈退行到了爬行动物脑的状态中,她直直地瞪着小猫(僵住反应),内心有股冲动想要再开车碾一下,"这样它就不用受罪了"(战斗反应)。她女儿开始尖叫了起来,然后她很想把车开走(逃跑反应)。她看向女儿,开始进行心智化。这让她回到了她的思考大脑状态,接着说道:"别担心,我能处理好。"她走下车,然后轻轻地抚摸着小猫,小猫很平静地断了气。接着,她开始安慰自己的孩子,最后她们给小猫安排了一个小小的葬礼。

你该怎么做

请注意以下几点。

- 当你的孩子处在爬行动物脑的状态时,他们的关注重点是生存,

第1章 成为自我控制、负责任和心智化的父母

可能会表现出战斗、逃跑或僵住反应。这时你该做的事情是要让孩子觉得安全与安心——这时是不可能进行学习的。

- 当你的孩子是处在古哺乳动物脑的状态下时,起主导作用的是他们的情绪,通常是愤怒、焦虑或痛苦这类情绪。
- 当你的孩子处在思考大脑在起作用时,是学习的最佳时机,孩子愿意听、也能够理解你说的东西。此时最重要的是你要知道,你最希望孩子学的是什么。
- 当你自己处在爬行动物脑的状态下时,你是无法帮助孩子的,你能做的就是控制好自己,以便让自己回到思考大脑的状态下。
- 帮助你的孩子提高综合运用爬行动物脑、古哺乳动物脑和思考大脑这三部分脑区的能力。
- 如果你的孩子年纪稍大一些,你可以让他了解什么是三重脑理论,以及什么是战斗、逃跑或僵住反应。

第2章

把心智化养育当作一场海上航行

什么样的育儿方式能够帮助与促进孩子的健康发展与成长呢？其又需要具备哪些基本要素呢？能够体现这一点的最佳例子是海上航行。海上航行能够很好地帮助我们理解什么是心智化育儿，因为海上航行这一场景会涉及大海、船只、舷梯、风暴，还有海洋环境，而且早有研究者用此比喻来论述个体发展以及发展过程中所遇到的挑战。海上航行为我们提供了充分的想象空间，此外平时生活中也有这方面的大量比喻与俗语，比如，做自己人生的船长、处于惊涛骇浪之中。具体来说，我们将孩子比作船只，船只（孩子）需要在旅程开始之前就做好准备，要装载关于自己以及关于周围世界的知识等货物，需要准备离开安全港，开启自己的航程。大海是一种大自然力量，孩子这艘小船需要先行对自己进行掌控，由此才能装满能力这一货物，扬帆启航。

大海这一比喻还有另外一层作用，它也是养育子女过程的最好象征，让我们能更好地领会到育儿过程以及其中所遇到的困难。养育子女的过程就好比航行在大海上：有时阳光明媚，让我们享受其中的风平浪静；而有时候却狂风暴雨、惊涛骇浪，让我们难以把控。

接下来，我们将详细地介绍儿童发展，以及父母所应承担的角色。为了便于理解，我们将其比喻成海洋探险，这里面有小船、灯塔、指南针、海浪与风暴等——祝旅途平安。

把孩子当作航行在大海中的各式小船

孩子刚出生时，还没有生活自理能力，需要在别人的帮助下才能生存。然而，他们生来就拥有着巨大的潜能，比如，能够与他人进行人际交往。孩子通过与照顾者以及周围环境的互动，在童年期就能使这些潜力得以发展。

其实还可以从生物学角度对此进行探讨，因为近期的表观遗传学表明环境能够影响孩子的部分DNA。这就决定了在特定情境中，孩子的哪些方面会被激活，而哪些部分处于蛰伏状态。

在海上航行中，孩子被看作满载着发展机会的小船。但同时，全世界还有着无数各具特色的小孩，他们都是大海中形式各异的独特船只，有大有小、有快有慢，还有海盗船、帆船、快艇、小舢板、摆渡船、货轮、玩具船，等等。对父母来说，他们的任务就是把自己的孩子看作独一无二的漂亮船只，然后给予他们支持，帮助他们做好准备，使他们能够更好地启程驶向世界七大洋——当然也包括偶尔回家。

对孩子来说，许多能力存在着发展的可能。当然，这些能力发展的可能性会受先天遗传的影响；不过，这些能力如何发展与形成，则取决于从婴儿期到儿童期大人对待他们的方式。对孩子来说，有些能力在某些阶段发展起来相对容易。比如，刚刚学步的儿童，学说话就比年龄较大的孩子或成年人要容易得多，因为这一年龄的孩子特别喜欢把注意力集中在声音和语言上。如果孩子在这个关键阶段没有学习语言的机会，那么他们在语言方面的潜能就得不到发展，以后再想学习就很难了。

你该怎么做

- 把你的孩子看成一个独一无二的人。

- 支持与帮助你的孩子成长与发展,以便达到他们发展潜能的极限。
- 在孩子的整个成长阶段,你家那艘"小小的船"若没有航行在你所期望的航道上,可能会让你非常懊恼。但请记住,你所需要做的事情,就是好好地挖掘孩子的潜能和资源以促进他们的发展。
- 在头脑中想象你希望孩子成为什么样的船,这可能是一个不错的主意,但这样也容易使你错误地将自己的愿望强加到孩子身上。记住,孩子是属于他自己的独特小船。
- 在指挥小船与努力帮着小船走它自己的航线之间找到一个平衡。

建议与可行策略

要考虑到孩子的全部潜能——把你的孩子看作一艘小小的刚刚建造好的船,同时也要考虑到他们将来可能会成为的样子;然后给予他们支持和帮助,并且始终牢记,对孩子的潜能要保持积极、乐观的心态。

具体范例

有位母亲在给她 8 个月大的女儿莫莉哺乳。当看到女儿可爱的样子时,她说道:"真是难以相信竟然有人会认为孩子出生时的样子都是一样的,莫莉与她姐姐就完全不同。她非常热

> 切于与我的交流，有非常强烈的好奇心。而她姐姐克莱拉却完全不同，有点害羞、喜静，需要努力才能吸引她的注意。即使现在她7岁了，但还是那个样子。"

记住，你永远是孩子停靠的安全港

当小孩对另外一个人建立了安全型依恋时，那么这个人就成了孩子的安全基地，孩子由此就能够安心去探索周围世界，并且可以回到安全港以获取照顾与理解。如此一来，就能够让孩子认识到与别人交往的价值，由此就会去寻求与他人的接触。也就是说，这会带来积极的后果。此外，这种安全感还营造出了一个安全、平和的环境，能够让孩子将他们的注意力关注在对周围世界的探索上。安全基地或安全港理论源于鲍尔比（Bowlby）的依恋理论，这方面的很多心理学研究都得到了非常一致的结论。

孩子在探索周围世界之前，首先必须与他们的主要照顾人建立安全、和谐的关系。其中一种安全感是指安全基地，孩子可以由此出发去探索周围世界，同时这也可以成为孩子返回的安全港。因此，如果我们将孩子比作小船的话，那么这艘小船只有在感到安全的前提下才愿意离开这个安全港——小船只有在感到足够安全的情况下才敢离开安全基地进入大海，也只有在感到足够安全的情况下才敢返回这个安全港。安全港这个词语在英文中既指"安全基地"（safe base），又指"安全港"（safe harbour）。在本书随后的内容中，"安全港"这个词语就同时包括有"安全基地"和"安全港"这两方面的内涵。

你该怎么做

- 孩子需要有一个安全港，由此他们才敢于去探索外部世界。
- 对孩子要专心，让孩子随时能找到你，成为孩子的好帮手。
- 安全型依恋是进行心智化的先决条件。
- 安全港不仅是激发孩子学习潜能的基础，同时也是他们敢于独自去探索外部世界的基础。
- 当孩子感到紧张或处于压力状态时，最重要的是让他们感到还有一个安全港。
- 如果你的孩子正处在艰难时期，那么作为家长你需要做的就是让他们感到你是他们的安全港。要做到这点其实很简单，你只要陪着孩子去做他们喜欢的事情就好，比如钓鱼、购物、去游乐园或图书馆。这些事情孩子喜欢，并且能够拉近你与孩子的关系，让他们觉得你是他们的安全港。
- 如果你正处在对孩子非常沮丧、特别容易对孩子恼火的时期，那么这一阶段对你来说，最重要的就是做一些事情让你重新成为孩子的安全港。

建议与可行策略

作为家长，最重要的是你要给孩子提供一个安全港，这个安全港既包括物理形式的安全住所，也包括精神层面的，比如与孩子建立安全稳定的关系。这种依恋关系必须具有包容性，能够包容孩子的所有方面，不管是积极还是消极的。

第 2 章 把心智化养育当作一场海上航行

> 对孩子来说，重要的是让他们觉得与父母在一起时感到安全。如果父母成了孩子焦虑、惩罚或失败的根源，那么这种父母就剥夺了孩子成长与发展可能性中最为重要的方面。如果孩子没有一个安全港，那么他们就没有精力去探索与了解周围世界。

具体范例

乔纳森是一个 3 岁的小男孩，刚刚上幼儿园。当他妈妈去幼儿园接他的时候，他不想坐婴儿手推车，而是想要妈妈抱他。在他妈妈做晚饭的时候，他又想要妈妈抱。他抱着他妈妈的腿说："抱，抱！"乔纳森不想再要他爸爸哄他睡觉，如果他妈妈不躺在他身边等他睡着，他就不睡觉，而这经常要花整晚的时间。他妈妈变得越来越急切，感到绝望，很想把他推开。但好在有个朋友告诉她说乔纳森之所以这样，是因为他希望她成为他的安全港。"也许你需要将他放在最优先的位置，让他感到你会一直在那儿。因为所有这些变化，都表明他可能是想知道你会为了他而在那里。也许你应该花点时间让他知道可以把你当成他的安全港。"

于是乔纳森的妈妈将更多的精力放在了他身上，爸爸在周末的时候也带着他去钓鱼。这对夫妻都将孩子放在了首位，花时间陪他，这样一来，这个小男孩就真正地感到妈妈和爸爸都是他的安全港。而这家的亲子关系也变得越来越好，他妈妈感到十分惊讶，因为她自己都没有意识到自己身上到底发生了什么。

面对不同依恋模式的孩子,你该怎么做

儿童很早就在自己与他人的关系中了解到自己可以有什么期望。如果我们能够预期到别人的反应以及自己应该做出的回应,那能使我们更容易了解外部世界。这些期望被称为依恋模式,并且是儿童早期与他们的照顾者在相互接触的过程中形成的。

依恋模式总共可以分为四种。安全型依恋是最佳的依恋模式,另外还包括矛盾型依恋、回避型依恋和混乱/紊乱型依恋。这些依恋模式是儿童早期与其主要照顾者在身体接触以及日常活动中的相互作用下形成的依恋基础上发展起来的。千万不要轻易地对一个人的依恋模式进行定性,因为不同的人可能有不同的依恋模式,并且负面的依恋模式也有可能发生转变。此外,每个人身上也都存在着不安全依恋的某些特点,即使那些主要依恋模式是安全型的人。

表2-1能够帮助你判断孩子的主要依恋模式,以及让你了解到照顾者需要做什么。如果承担照顾孩子工作的是自我控制、负责任和能够心智化的成年人,那么孩子就有可能形成安全型依恋。对孩子的依恋模式要保持接纳态度。此外,这一表格中也包含许多建议,你可以用来改进孩子的依恋模式。

表 2-1　　　　　　　　孩子的主要依恋模式及建议

依恋模式		我能为孩子做什么
安全型依恋	孩子觉得自己有一个安全港,可以由此出发去探索外部世界,并且能够安全地返回家中。孩子觉得父母是可用的、细心并且能够提供帮助的	为了让孩子形成安全型依恋、让你成为孩子的安全港,你必须让孩子觉得你是可用的,是能够自我控制、负责任和心智化的

续前表

依恋模式		我能为孩子做什么
回避型依恋	孩子觉得自己照顾自己最好。这艘船会驶向大海，但如果遇到风浪，它也只会继续漂流，不会为了安心而返回海岸 表面来看，孩子不需要关心、不想与别人接触，也不想向别人学习。但是，这些可能都是孩子将自己的情绪深深隐藏在货舱内的迹象，他们不觉得在返回港口后，在理解或调控情绪上别人会给予自己帮助	让自己变得可用，能够自我控制、负责任和心智化，并鼓励孩子返回港口。当孩子靠近你的时候，记得要和蔼，对孩子要关心。即使孩子只发出了小小信号也要给予回应；让孩子感到把情绪从货舱拉上来很值得。尊重孩子的需求，他们需要更大、更深的航道，并且记住，孩子所需的表扬与支持要比你以为的多得多
矛盾型依恋	孩子感到不安全，不敢启程去大海探险。即使是最小的挑战，也可能使孩子返回港口，并且很难被安慰与安抚。孩子对自己以及自己的能力缺乏信心，他们通常关注的主要是自己与大人的关系，而不是自身以及自己的需求	让自己变得可用，能够自我控制、负责任和心智化。鼓励孩子启程去大海探索世界。让孩子感受到你对他们的信任，相信他们可以照顾好自己 鼓励孩子相信自己以及信任自身的能力
混乱/紊乱型依恋	孩子不知道怎样对别人做出反应。不管是启程远航还是返回港口，都是没有目的、没有方向的。他们可能会返回到其他的港口。孩子这艘船就好像被海盗给劫持了，一片混乱。这些孩子通常在与主要照顾者接触的过程中有着不好的体验，由此一来，在应用STORM模型的时候应该重点关注创伤性思考	混乱型孩子最需要的是有一个可用的、细心且能够提供帮助与心智化的成年人作为安全港 身为父母，你可能会体验到强烈的情绪，比如迷惘、无助、焦虑、愤怒，这意味着你非常需要一个心智化的成年人去帮助你维持或重建你的心智化

建议与可行策略

研究表明，大概只有 50% 的父母对孩子来说能够做到可用、细心和给予帮助。如果孩子从父母那里得不到回应，那么由此带来的沮丧就给孩子上了人生中重要的一课，这会引发孩子对父母的思考："为什么他/她不在我身边？"通过这种方式，孩子就能学会如何处理这种得不到回应的情况。因此，尽量让你成为一个自我控制、负责任和心智化的人；但如果你没做到，记得也要原谅自己。

具体范例

苏珊开办了一个家庭日托所，照顾着四个 3 岁的小孩，每个孩子都有着他们自己独特的依恋模式。

- 伊森会在他妈妈离开的时候不开心，但他也很容易安抚，对苏珊有着安全的依恋。他会自己玩，探索他周围的环境；在不开心的时候，他会到苏珊那里寻求安慰。当妈妈来接他的时候，看到妈妈，他也会很高兴（安全型）。
- 安娜在她妈妈离开的时候非常难以安抚。随后，她会痴缠着苏珊。她也表现出了对周围环境的好奇，也会进行小小的探索。当她妈妈来接她的时候，安娜又会哭闹、难以安抚（矛盾型）。
- 康纳在他爸爸把他送到日托所的时候不会表现出什么情绪。他会对周围环境进行探索，但也很少寻求安慰。当他妈妈来接他的时候，他会跟着走，但也不会表现出什么情绪（回避型）。

第 2 章 把心智化养育当作一场海上航行

- 苏菲在出生的时候就很艰难。她生病了,住在医院,多次被单独隔离,没有父母的陪伴。在日托所,苏菲占用了苏珊的大部分时间和精力,根本就没办法预测苏菲会做出什么。在父母或照顾者离开或来接她的时候,她可能会表现出冷淡、暴怒或歇斯底里的哭喊等各种反应。对苏菲来说,每天的日托所生活都是一个难题。她对照顾者的接触模式是一种混乱模式,她还会毫不介意地就坐在陌生人的腿上(混乱/紊乱型)。

成为孩子航行中的灯塔,去照亮孩子

身为父母,你必须要让自己成为孩子的灯塔——要有坚实底座、不容易被风浪摧垮,要足够高、看得到远方,投射出的光芒不仅能够照亮自己,还能够照亮孩子。

在心理学中,灯塔是一个很常见的比喻。为了让你更容易记住自我控制、负责任与心智化这几个父母所应具备的重要特质,你可以只记住它们的首字母 RAM。我们将 RAM 置于一切之上、位于灯塔顶端,其目的是为了让你在与孩子打交道的时候始终牢记这一点。

- 自我控制:指能够控制好自己。
- 负责任:指能够创造出一个鼓励孩子学习与发展的安全环境。
- 心智化:指能够觉察到自己和他人的内心,并将孩子当成一个独立的个体。

你该怎么做

为了让你自己成为孩子的灯塔,也就是有权威、孩子愿意向你学习的人,你需要努力让孩子知道你是一个值得他们对你付出认识性信任的人。

自我控制

- 能够激发出孩子认识性信任的父母,让孩子相信他们能够控制好自己的情绪。

负责任

- 能够激发孩子认识性信任的父母,会让孩子相信他们能够重建和维持孩子向他人学习的能力,他们负责任,能为孩子指明方向。

心智化

- 能够激发孩子认识性信任的父母,会让孩子相信他们能够鼓励孩子去拥抱新的知识和学习,他们了解人的心理,内心对孩子怎样进行自我认识有着清晰的看法。

建议与可行策略

如果你在育儿过程中遇到困难,那么把自己想象成孩子的灯塔。要认识到自己在给孩子照亮,并且始终对自己进行良好的自我控制,要负责任和心智化。

第2章 把心智化养育当作一场海上航行

> **具体范例**
>
> 14岁的杰西卡在Instagram上发布了一张照片，照片中的她几乎没穿什么衣服。她妈妈看到后感到很心烦。她眼中可爱的小女儿现在像《花花公子》杂志上的模特。瞬间她有种冲动想对她女儿说破，这是一张儿童色情照，并且是无法撤除的。不过她意识到自己要成为孩子的灯塔，就必须自我控制、负责任和心智化。
>
> 这位妈妈与女儿聊了聊照片。在她们的谈话过程中，她始终让自己保持自我控制，即使她非常生气。她也清楚这种照片会被一些别有用心的成人看到，但她必须负责任。她必须牢记女儿并不会从成人的角度去看这张照片，女儿只不过尝试让自己像个杂志模特而已，这位母亲在努力进行心智化。

孩子只有被关注、被认可、被倾听，才会信任你

只有当孩子认为他们的老师（此处指的是父母）能够教给他们一些与己有关并且具有普遍意义的东西时，他们才会学习。如果对教育者没有这种信任，还跟随着学习的话，那是一种荒谬。因为教育者可能会教给孩子一些危险的东西，比如，错误地教孩子蓝莓是有毒的，而树丛中的浆果可以吃。自出生起，孩子就能够从他们的父母那里学习，但如果教给他们的东西看起来不是那么可信，他们也会非常谨慎。

身为父母，如果孩子对你失去了这种信任，你可能会失去教育

孩子的机会。如果你在孩子需要学习如何控制情绪的时候，对他们进行了恐吓或惩罚，如果你看起来不是那么有能力教给孩子东西，或在面临危险的时候表现得比孩子还要害怕，在遇到冲突时比孩子还要愤怒，那么你看起来就不是那么可靠和令人信赖。

孩子需要学习，并且他们也给了自己的父母无数次教导他们的机会。他们会忘记父母的过失，会不断地准备向父母学习。因此，即使你走入了错误方向，仍然可以及时回头，努力让自己成为孩子最好的老师。

建议与可行策略

为了打开学习的大门，你可以使用一些沟通小技巧，使孩子感到被关注、被认可、被大人倾听，比如与孩子进行目光接触，主动叫孩子的名字，让你的语气显得和蔼，让自己显得开明，并且对孩子的任何疑问与回应都表露出极大的兴趣。

具体范例

12岁的艾瓦正在为即将出发的班级远足收拾行李，这次远足需要在外面过夜。艾瓦大声嚷道："我的袜子不见了，都是你的错，你是世界上最差劲的妈妈！"她妈妈觉得很伤心，说道："别这样对我说话。"艾瓦继续嚷道："我讨厌你！"

> 于是，她妈妈努力进行心智化。一小会儿后，艾瓦告诉她妈妈，说她很担心没人愿意跟她睡一个帐篷。她说同学们打算晚上在帐篷里休息，而所有的帐篷人都已经满了，这表明她必须与两个自己不喜欢的男孩子同住一个帐篷。她妈妈很想对她说："如果你那样对我说话，那就别去远足了。"但她认真考虑了一下艾瓦的心理，并且想了想艾瓦需要学习的东西——控制情绪的方法，以及如何处理与同学的冲突。于是，妈妈就心平气和地问她："如果我与你老师谈谈帐篷分配的事，你怎么看？"艾瓦坐在地板上说道："你会吗？我觉得我找不到愿意跟我同住一个帐篷的人。"

你该怎么做

- 让自己变得可用，能够自我调控、负责任和心智化。
- 确信你的孩子打心底里信任你。
- 帮助你的孩子去理解所学的东西，由此来建立权威，这可以让你理所应当地拥有对孩子的权利。
- 保持与孩子的目光接触，叫孩子的名字。与孩子说话的时候让自己的语气充满关爱，让自己显得开明，并且对孩子的任何疑问与表现都表露极大的兴趣。
- 让自己更有智慧。
- 控制好你的情绪。
- 承担好自己的责任，给孩子制定出明确的边界。
- 要对孩子进行心智化。
- 要始终让学习的大门敞开。

对孩子人生中的其他重要老师提供支持

孩子在刚出生的时候，还远未发展成熟，需要完全依靠成人才能得以生存与成长。由此，在生理上就先天决定了婴儿必须要依附于父母，这也意味着生物学父母天然就拥有对孩子的权威。如果父母能做到良好的自我控制、负责任和心智化，即使孩子长大了，他们也仍然能够保留这份权威。

但继父继母、寄养父母和领养父母这些非生物学意义上的父母呢？这种情况下，对孩子成长与发展起决定性作用的是，生物学父母是否愿意同养父母分享自己的孩子，以及是否容许孩子遵从其他人的权威（是否允许养父母打开灯塔中的探照灯）。因此，你作为生物学意义上的父母，就有责任和义务给孩子的后继养父母提供支持；否则，孩子会失去学习与成长的机会。

如果你感觉有亲生父母对你身为养父母的权威角色以及孩子对你的依恋不予支持，那么你必须要努力进行心智化，即使你内心非常不愿意。要做到这一点，办法之一就是提醒自己，如果遇见一个非常生气的人，通常的做法就是掩饰好自己的伤心、悲伤或焦虑等情绪。如果你能想起这点，那么心智化可能会进行得容易一些。有时候，可能根本无法做到共同养育，无法一起去打开灯塔的探照灯，那你一定要继续努力，进一步地进行 RAM，以便打开灯塔的大灯。

你该怎么做

- 对孩子人生中的其他重要老师（灯塔）给予支持。

第2章　把心智化养育当作一场海上航行

- 如果一个老师没有得到孩子心中作为权威人士的确证，那么孩子天生就很难接受这个老师，对此你要保持包容、接纳的态度。这时你应该进行心智化，而非生气，因为心智化会引发心智化。
- 要进行自我控制、负责任和心智化。如果你没有与生俱来的权威（即非生物学意义的父母），那么这是获得权威最好的方法。

建议与可行策略

如果权威人士或共同父母使用权威的方式不合适，那么首先要认可孩子的内心体验，同时还要继续支持共同父母或权威人士（灯塔）对孩子的权威（打开灯塔的探照灯）。

具体范例

有位继母讲述了她与自己继女安娜的经历。她觉得安娜就好像是一匹"特洛伊木马"。每次安娜从生母那里回来，都会生气地抱怨说继母不称职。这些话听起来似乎都来自她的生母。在这个例子中，这位继母需要开启灯塔中的自我控制、负责任和心智化功能。她必须去猜测安娜生母内心中的想法。也许她很孤单，独自在家里坐着想念安娜；也许她很伤心，愤怒于另外一个女人夺走了她的丈夫和女儿，如今却与安娜开心地生活在一起。这样做可以帮助这位继母不管安娜的行为和

> 愤怒情绪如何，都能继续坚持自己作为继母这一角色的 RAM 工作。

孩子的生理或心理状态始终保持在容纳之窗内

容纳之窗这个提法是由西格尔的容纳之窗理论启发而来。任何人，不管是小孩还是成年人，都有自己的生理界限和情绪强度界限。在这个界限的范围内，你可以进行心智化；否则，心智化就难以进行。

当你处在容纳之窗的范围内时，你有正常的注意力，能够进行学习。一旦超过了容纳之窗的上限，你就会体验到强烈的情绪，你会感受到身体所发出的信号和感官所发出的刺激，如焦虑发作或极度愤怒时的感受。在这种情况下，你可能会感到心悸、呼吸急促、脑袋抽搐或失控；相反，如果处在容纳之窗的水平之下，你的大脑就好像处于关闭状态，就如你在睡觉、休养或什么都不想的时候，这时你的能量是转而向内的，会体验到一种麻木的状态。

每个人的容纳之窗都有不同的容纳范围。有的人在高强度下的效率最好，而有些人的容纳之窗则狭小得多，更容易超过负荷。自然，抚养那些容纳之窗更广阔或更能自我控制、不会轻易超过容纳之窗界限的孩子要更容易一些。容纳之窗的大小取决于人们的性格、生活经历，以及诸如压力、饥饿、疲劳、精神紧张等外部因素。

第2章 把心智化养育当作一场海上航行

建议与可行策略

当孩子处在容纳之窗的界限之外时,是不可能教给他们任何东西的。因此,在对孩子开始进行教育的时候,需要将重点放在孩子容纳之窗的当前状态上——他们是在容纳之窗的里面还是外面。只有在你处于容纳之窗里,并且确信自己能够以合适方式去挑战孩子的时候,你才能给孩子创造出挑战。

本章随后的"入口"与"舷梯"部分将详细介绍如何进入容纳之窗,以及如何才能将其进行扩展。

具体范例

3个月大的伊芙在做完体操课的第一小节时已经疲惫不堪了,这个体操是为新生儿及其母亲设计的。她大哭起来,怎么都平息不了。当她最后睡着时,由于睡得太沉、睡得时间太长,以至于她父母担心她是不是失去了意识,所以他们喊了医生过来。结果伊芙就在他们的说话声中醒来了——开心且容纳之窗开着。

3岁的彼得正在使性子,因为没让他在饭前吃糖。他将唾沫吐在地板上。当然,他母亲接受不了这种行为,即使彼得很生气。不过,她选择了首先去分散儿子的注意力,问他想不想跟自己去点亮门口万圣节南瓜灯中的蜡烛。后来,等彼得情绪和身体反应都平静下来,处在控制状态下并重新回到容纳之窗

> 后，他母亲才告诉他不可以将唾沫吐在地板上。
>
> 　　16岁的凯特开始与学校的一些所谓"酷妹"混在一起，她们还给这个小团体定下了一个上课迟到的习惯。凯特的父亲接到了学校通知，然后他决定马上与凯特谈谈。但当他进入凯特房间时，发现凯特在上了一天学并且踢了一场足球赛后已经非常疲累了。对她父亲来说，现在的凯特显然没处在一个愿意听他说教的状态。

你该怎么做

注意孩子的容纳之窗——这扇窗户是打开的吗？孩子是在窗户的里面还是外面呢？

- 如果孩子的能量水平太高，学习是不可能发生的。
- 如果孩子的能量水平太低，学习也是不可能发生的。
- 只有孩子处在容纳之窗的范围之内，才有可能进行学习。

为有效的亲子沟通找到入口

　　你若想与孩子进行一次社会互动，并且希望这次互动能够促进他的学习与发展，那么首先需要确保孩子处在容纳之窗的范围内，并且身为父母还需要获得孩子的信任，这样孩子才会感觉值得听你说一说。总之，孩子必须在生理上和心理上都做好准备，并且处于容纳之窗内。换句话说，如果你想教育孩子，那么这艘小船必须停泊在港口里。

第 2 章　把心智化养育当作一场海上航行

如果你要搭船游览,那么要确保小船必须有出发与停泊的地方;如果你不能准时上船,那就等下一次好了。对孩子来说同样如此。有时候你必须等小船下一趟的返回旅程。

你该怎么做

- 有学习的入口吗?
- 确信孩子做好了学习的准备。
- 选择性的战斗。
- 与孩子一起活动是很不错的入口,比如一起乘车、散步,一起削土豆皮。
- 确保镜像神经元没有被过度激活。

建议与可行策略

如果你想与孩子进行有效交流却找不到好的入口,那么找些事情与孩子一起做是一个非常不错的选择。

具体范例

5岁的艾拉耳朵疼了一段时间。她父母没有太多时间陪她,因为家里另外两个孩子占据了他们的大部分精力。艾拉的姐姐因为阑尾炎住院了,而她的哥哥在学校过得也不大好,需要很多支持。艾拉的性子比较急,不管是在家里还是在幼儿园,都与很多人发生过争执。她妈妈想坐下来与她谈谈,想告诉她自

> 己理解她这段时间的不容易,但每次想谈的时候,艾拉就说:"别说了!"
>
> 有一天,当她们一起玩动物玩具的时候,艾拉说道:"我是一只烦人的猴子,逗弄了两只小猫,我对不起小猫咪,他们知道我是坏猴子。"她妈妈说道:"我觉得猴子妈妈是在忙着照顾小猫咪,因为他们那段时间遇到了困难。"她拿起一只玩具熊,继续说道:"现在,这就是妈妈,她抱了抱小猴子,安慰安慰小猴。"艾拉说道:"那小猫咪呢?"妈妈回道:"当然,妈妈也会照顾它们的,但她也需要记得她的小猴子。"在她们玩耍结束之后,艾拉看起来开心多了,而她妈妈不知道自己是否已经找到了与艾拉谈论家庭事情的入口。

把关注点放在孩子的情绪感受上,而不是行为

舷梯是你对孩子这艘小船进行心智化和自我控制教育过程中的必要要素。在孩子有强烈情绪或处于容纳之窗范围外的时候,也就是在孩子生气、害怕、难过或不知道如何进行心智化时,舷梯就很有用了。

总的来说,你都是通过舷梯跟在孩子后边走来走去,根据孩子的情绪强度和心智化情况不断调整自己的言行。问题在于当你自己的情绪非常强烈时,心智化能力会大大弱化;反之亦然。也就是在孩子情绪激动的时候,你没有办法教育他们去了解人的心理。

舷梯总共有四个阶梯(见图2-1)。第一阶是对孩子的情绪表示承认与支持;第二阶是对发生的事情进行探查;第三阶是你上船

时能够对所涉人员心理进行讨论；第四阶梯是在上船后，有时你可以做到心智化的归纳，有时对互动模式进行讨论，比如对你们之间所发生的事情进行讨论。不过，日常生活中你是很难进入第四阶梯的。

图 2-1 舷梯示意图

建议与可行策略

我们建议你不要过多关注孩子的行为，而要重视孩子的情绪强度和心智化能力。当孩子的情绪非常激动时，你必须认识到他们这时是不可能进行心智化的。这时，你只需要给予他们支持，去理解他们就好。比如，可以说："我理解你的感受，我在碰到不公平的时候也可能会生气。"

具体范例

芬恩差不多快 3 岁了，喜欢使小性子。在耍脾气的时候，他可能会用嘴巴去咬其他的小朋友，特别是他的哥哥。一开始，妈妈和爸爸对他进行责骂和惩罚，但是他的小性子变得越来越恶劣。随后，他父母开始运用入口技术。

有一天，芬恩拽着他哥哥西恩的头发，因为他想要西恩抱着的泰迪熊。他爸爸把他们分开了，并坐在了芬恩的身边。考虑到芬恩的情绪强度，他爸爸在入口附近小心地徘徊着："没有泰迪熊，你很难过吗？"（承认与支持）这使得芬恩的愤怒情绪降低了一点，父亲继续问道："发生什么事了？是因为大多时候是你在玩那只泰迪熊，对吗？"（探查）芬恩突然非常生气，用力地拽着西恩抱得紧紧的泰迪熊。

他爸爸在入口阶梯上退了一阶："你现在是因为想要泰迪熊而难过吗？"（承认与支持）"你是很想要泰迪熊才咬了西恩吗？"（探查）现在，他爸爸快要到达入口的终点了。"我知道这让你很难受，但是看看西恩。他本来抱着小熊开心地看着电视。你突然走过来抢小熊，你觉得他会有什么感受呢？"芬恩于是说他很抱歉，并摸了摸哥哥的头发（心智化）。这天下午，芬恩和他爸爸一起玩乐高，并扮演乐高小人互相打闹。然后他们一起讨论如果自己因为某事不开心去打别人，对别人会有怎样的伤害；最好的做法是和别人说说自己为什么不开心（心智化的归纳）。

第2章 把心智化养育当作一场海上航行

你该怎么做

- 第一阶：承认与支持
    - 接受孩子感受到的情绪。
    - 要表现得真诚、尊重与支持孩子。
- 第二阶：探查
    - 探查孩子行为原因的时候表现出由衷的好奇。
    - 对情境进行重组。
    - 帮助孩子理解他们的行为。
    - 找到隐藏在行为背后的情绪。
- 第三阶：心智化
    - 在沟通中引入第三人视角。
- 第四阶：心智化的归纳
    - 找到反应的基本模式。
    - 讨论这些模式是如何出现在你与孩子之间的。

我注意到：

- 你难过时，想打人。
- 你失望时，会退缩。
- 你想与人接触时，会发脾气。

当我们穿过舷梯靠近孩子时，一定要让孩子知道：我在这里；我想了解你；即使我不同意你，但我想知道你的感受。

树立防患于未然的意识

大自然的力量非常强大，有时是人类无法抗衡的。这也可以用来形容儿童发展过程中可能会出现的最大挑战。身为父母，你可能有时会感到无力，濒临崩溃。不过，通常来说同样的问题你会多次遇到。如果一个3岁小孩在社交场合大发脾气的话，那这事不大可能只发生一次。

作为一个成年人，你能够从全局考虑，不会只局限于当下的具体场景。身为父母，你必须训练自己站在灯塔上，运用自己的能力对情境进行评估，并进行心智化。在碰到问题的时候，保持好奇心，并进行探查。这是什么时候发生的？是什么导致孩子做出了这样的反应？你该做出什么样的反应？以往是否有其他事情让你有类似的感受？

你该怎么做

- 不仅要观察孩子的行为，也要观察自己的行为。
- 提前考虑。
- 在心情平静的时候思考避免冲突的方法。
- 与孩子生活中的其他大人一起讨论什么该做、什么不该做。
- 事后与孩子一起对事情进行反思。
- 在平静的时候与孩子达成协议，一起制定规则。
- 特别小心下列因素引发的状况：
    - 疲劳；
    - 饥饿；

第2章　把心智化养育当作一场海上航行

- 紧张；
- 从一个活动换到另外一个活动；
- 感到孤单；
- 心智化失败。

你可以从第5章的"危机应对方案"中找到出现危机时的处理办法，这不仅能够为你们的反思提供启发，还能帮你制定未来的危机处理方案。

建议与可行策略

如果某些方面经常出现状况，那么特别值得注意并对此提前考虑。你要特别留心因为疲劳、饥饿、紧张、孤单以及生气所引发的状况。如果出现这样的情况，那你应该说："再过五分钟我们才走。"或"如果你现在开始看书，那么我们就一起读后面的内容作为睡前故事。"去购物前，你最好先给孩子一个苹果；如果你在孩子面前的盘子里放一小片水果，那么他们很快就会感到饿了。晚上你应该先把孩子的衣服放好。

具体范例

有对夫妻带着两个孩子——3岁的儿子西蒙和15岁的女儿朱莉娅，这家人常常一大早就爆发争吵。结果大家经常不欢而散，而这对夫妻也几乎每天上班迟到。

这不得不让这对夫妻开始从外部视角来分析他们家的早晨。他们发现，所谓的争执常常是朱莉娅到底是要带午饭去学校，还是该给她午饭钱。之所以出现这种情况，是由于朱莉娅没有足够时间去准备午饭，并且这对夫妻也常常没有足够的现金。

妈妈每天早上要开车送西蒙去幼儿园，但由于与女儿的争执，使她几乎没有时间跟西蒙说再见，这让西蒙又哭闹个不停。分析了这些情况后，这家人达成了一个协议，如果朱莉娅每周的前两天在家准备好自己的午餐，那么随后的三天就给她午饭钱。他们从银行取了两卷硬币，以便给朱莉娅。此外，他们还认为应该由爸爸送西蒙去幼儿园。安排好这些后，他们觉得先试两个星期，然后再开个家庭会议来评估下效果。

通过注意力指向正确引导孩子

父母能够主动地控制自己注意力的指向。他们将注意力指向哪儿，对孩子来说是很重要的，因此，对于父母来说，能够清晰意识到自己的注意力指向哪儿也非常重要。本书采用灯塔这一比喻，能够让你很容易地想象怎样才能将灯塔的光芒照射在那些积极的行为上。通常来说，大人将注意力指向孩子，也就是眼睛看向孩子，将光芒照射到他们身上，对孩子而言有着重要的激励作用。

通过灯塔的光芒，也就是通过注意力的指向，你就可以对孩子进行引导。比如在吃饭或孩子对你说话的时候不要看手机，做一个

第 2 章 把心智化养育当作一场海上航行

"少屏时间"的好榜样。这样你的注意力很容易发生转移，比如转移到工作、碗筷、同事或你的伴侣身上。这样你需要记住的是，注意力要时不时地集中到孩子身上。

但在发生争执的时候，你又会将注意力进行短暂脱离，从而灵活、主动地运用注意力。比如，为是否吃冰激凌与孩子出现争执。首先你要承认孩子的感受，最好的做法就是将注意力转移。因为如果你继续与孩子保持目光接触，会让孩子觉得你们之间的争执还没有结束。通过注意力的转移，你给孩子传递了争论到此为止的明确信号。

建议与可行策略

如果对孩子进行批评或责骂，这种负面关注对孩子而言要好于完全被忽视。如果孩子经常做出不好的行为，那么你就要想想，是不是你的孩子受到了负面关注的影响，也就是把你的关注当成了好事，以至于他们继续这样做以希望获取你的关注。记住，只有当孩子表现出了某些你想鼓励的行为时，你才应该特别关注。

具体范例

弗雷德的爸爸坐在沙发上，手里拿着 iPad 忙于查看足球比赛的结果。一小会儿之前，弗雷德与他爸爸发生了争执，因为弗雷德想在家穿新买的防雪服。他爸爸已经给他解释了好一

> 会儿，说在家穿会太热。最后，他爸爸将注意力从这场争论中转移出去，收好了防雪服。弗雷德停止了抗议，怒气冲冲地回到了他自己的房间。现在，他爸爸在大厅中听到积木之间相互碰撞的咔嗒咔嗒声。于是站起来想去看看发生什么事了。他看到儿子正在使劲地砸着乐高的盒子，将积木弄得到处都是。他爸爸看着眼前这一幕，思考了一下过去一周他给予弗雷德的陪伴与积极关注。于是他说道："棒极了，我可以一起玩吗？可以让我看看你是怎么做那个最漂亮的警察局的。"

你该怎么做

- 看着孩子，照亮他们。
- 照亮那些你赞同的行为。
- 争执结束时要将灯光移开，并传递出此话题不再讨论的信号。
- 在你管理孩子的时候，要将注意力短暂地移开一会。

从外部控制转变到内部控制

儿童的发展是不断进步的，会不断进入新的发展阶段。儿童发展过程是从需要父母进行外部控制——在支持下勉强自我控制，到最终由自己进行内部控制的过程。在孩子进入新的发展区时，父母需要在支持、给予挑战以及对孩子放手之间把握好度。此外，父母一定要注意到孩子的当前发展状态，只有这样他们才不会给孩子定下难以达到的目标。

第 2 章 把心智化养育当作一场海上航行

面对孩子的最近发展区，父母可采取的方式有保护、提出要求或尊重孩子的独立自主。你需要了解孩子在各个发展阶段的需求，这点非常重要，贯穿着他们的整个成长阶段：从孩子刚刚学走路，到他们颤颤巍巍地挪向楼梯，再到周五晚上拎着一瓶伏特加冲出家门去聚会的青少年时代。孩子这是要去哪儿？他们是需要保护还是支持，他们自己能处理好吗？身为父母，你的责任就是确保孩子能够不断地进行自我挑战、自我检测。这就要求父母能够给予孩子极高的灵活性，因为孩子的发展道路不是一条直线。他们会学到东西也会摔跤。但有些时候，他们也可能会大踏步地前进。

表 2–2　　　　　　　　控制示意图

外部控制	最近发展区——支持下的自我控制	内部控制
自己不能自我控制；需要大人的保护或帮助才能控制	勉强可以自我控制；需要大人的留心和参与	能够自我控制；需要尊重他们的独立性与自主性

你该怎么做

- 要始终支持孩子从外部控制转变到内部控制。
- 孩子自己做不到吗？孩子需要支持才能做到吗？孩子能够独自做到吗？
- 严格审视身为父母的你。你是那种高估孩子、定下的目标是他们达不到的父母吗？你是那种无视孩子发展水平、始终帮助孩子的父母吗？不管他们是否能够独自完成或只需要一点帮助就能完成。
- 当你的孩子能够独立完成的时候，要接纳他们的独立性与自主性，即使他们偶尔会犯错。

建议与可行策略

你可以想象自己正在将孩子这艘小船的缆绳慢慢放松。你一点一点地、慢慢地放松了绳子,直到孩子这艘小船能够自由地行动——由他们自己的想法和愿望所驱动。有许多传统俗语表明人需要自己做决定,比如,如人饮水,冷暖自知;鞋子合不合适,脚指头才知道。但总体来说,这个示意图比较适合应用在孩子的发展与成长中。

具体范例

2个月大的乔希正坐在他妈妈的腿上,而她妈妈正与朋友聊天。突然,朋友大声地打着喷嚏。乔希吓得身体开始发抖。他妈妈用安慰的语气轻轻地抱着他安抚他,他慢慢平静下来。他妈妈对他说道:"没关系的,她只是打了个喷嚏。"乔希还不能自己控制害怕,但他妈妈能够帮他做到这点,从而对他进行保护(外部控制)。

在乔希4岁的时候,有一天晚上,他总觉得床底下有个人。他很害怕,被吓哭了。不过他现在能够进行一定的自我控制了,可以跑着去找妈妈。抽噎着对妈妈说床底下有个人。妈妈开始安慰他,然后他们一起去到他房间检查床底。此时,乔希正在学习怎样控制自己的情绪。他在被自己的害怕吓到之前,能够充分使用他自己的情绪控制工具——他妈妈。他已经勉强能够控制情绪了,当然还需要支持。

第2章 把心智化养育当作一场海上航行

> 乔希15岁的时候,非常喜欢凯特,有次他们一起看恐怖电影。乔希非常害怕,但这时的他能够控制自己的惧怕;而凯特似乎需要人握住她的手给她支持。如今乔希已经能够控制自己,甚至还能给予凯特支持。

在严父与慈母之间找到平衡

在养育子女的过程中,你总是在一条线的两端之间摇摆,其中的一端虽然有灵活性但充满了混乱,而另外一端虽然有明确的边界,但是又显得过于严格、有太多的行为控制。孩子,尤其是存在着发展困难的孩子,需要明确的要求,以及具体的规则与边界。但他们同时还有活泼的一面,需要一定的灵活性,需要被父母看到、碰到的瞬间感受。养育子女的秘诀就是要在"河流"的中间,这样既不会因为给了孩子灵活的空间而导致过于混乱,也不会因为对他们过度控制而显得太过严格。由此,你才能把孩子教导成一个全面发展、身心健全的人,使他们能够表现出恰当的、合乎社会规范与文化习俗的行为,并有着良好的心智化能力,而这也是你在为人父母过程中始终要面对的战斗。

孩子照顾者会面临两难处境,养育孩子就好比在河流中驾船顺流而下,既不能太靠近混乱的这边,也不能靠到严格的那边,需要尽力让小船保持在河流中间行驶。有的照顾者过于靠近了河流的某一边,为了孩子的发展、需要将船只稍稍驶向另外一边的重要性。

建议与可行策略

在有些家庭中,不同的河岸可能代表着不同的人。父亲可能代表着孩子教育过程中的严格一方,他会给孩子设置规则、界限;而母亲可能代表着灵活性的一方,灵活、温柔但会让孩子处于一定的混乱之中。如果父母双方都明确了自己的河岸位置,那么他们就可以进行一场心智化的交流,讨论一下每个河岸是如何在子女教育过程中发挥重要作用的。

具体范例

梅森已经 11 岁了,喜欢玩电脑游戏,而他父母认为这占据了他太多时间,让他不再做以前那些能够给他带来快乐的事情。比如,他回家后就直接玩游戏,而不是与朋友一起去青年俱乐部,此外与隔壁男孩一起玩的时间也越来越少。当要他关闭电脑的时候,他总是拖着,需要一遍一遍地喊他。最后终于关了电脑时,他又去洗手间玩手机。

梅森的爸爸也喜欢玩电脑游戏,知道线上游戏如果中途退出,会被暂停账户,因此他也没有坚定地支持梅森妈妈;相反,他自己常常玩得非常投入,以至于经常鼓励梅森再玩一局,而梅森妈妈却觉得梅森不应该再玩。由此,这俩夫妻就常常分别站在河流的两岸。对他们俩来说,应该好好地了解一下子女养育过程中的两难处境,这比只关注对方缺点要有用得多。

你该怎么做

教育孩子的过程中为了平衡好弹性与严格,做到心智化育儿,从而避免陷入混乱或严格的两极,你必须:

- 给孩子设置界限,同时也容许一定的混乱与成长空间;
- 如果父母在河流的另外一边搭建好了帐篷,那就去旅行一下。

校准好领航的情绪罗盘

可以把情绪看成我们内心的罗盘,这会帮助我们认识到事情是否出问题了,由此给我们指引。如果我们认识不到自己的情绪,那么就会失去方向。情绪是无所谓对错的,没有哪种情绪比其他情绪更好,所有的情绪我们都需要,而不仅仅是快乐。为了鼓励孩子用语言把他们的情绪说出来,你需要了解各种情绪,并且创造出能够让孩子重视情绪的氛围。

作为父母,若想让孩子了解情绪方面的知识,你可以让他们看到父母也会有各种不同的情绪。让自己的情绪显得透明,未尝不是一个好做法。你可以利用如图 2-2 所示的情绪罗盘来判断身为父母的你,哪些方面做得合适——以及判断孩子需要什么。我们都需要学会运用自己的情绪,但若要使用得恰当,则需要对情绪进行调控。如果我们只是使用而不加以调控的话,就可能会给家庭带来混乱,吓到孩子。

人类的基本情绪可以在很多方面帮助我们。

- 让我们知道自己喜欢什么、看重的又是什么（开心）。
- 与之接触并耐心倾听（接纳）。
- 注意到危险并迅速做出反应（害怕）。
- 转移注意力（惊讶）。
- 有人越线时照顾自己以及自己的感受（生气）。
- 对自己进行调控。比如，哭可以释放内啡肽，还有提神作用。可以让我们感到这对自己的重要性，觉得失去了会让自己难过（伤心）。
- 本能地感到这对自己不好或对孩子不好（厌恶）。

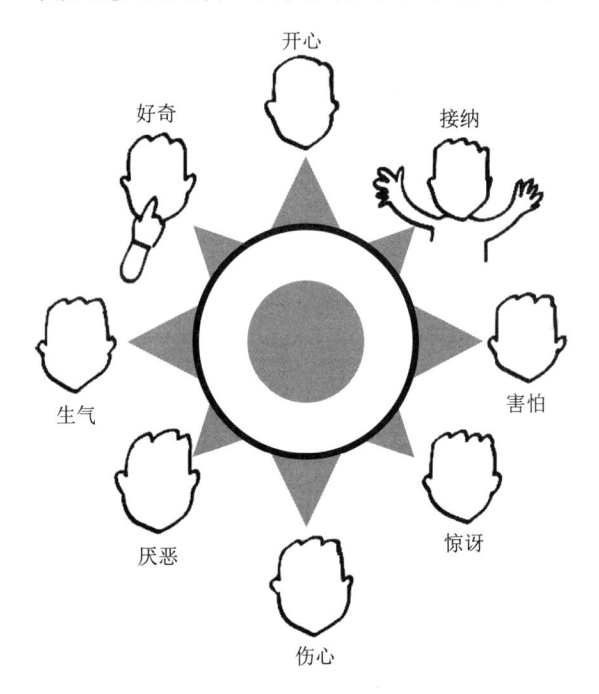

（你必须帮孩子将想法转变为类别化的情绪）

图 2-2 校准好领航的情绪罗盘示意图

第 2 章　把心智化养育当作一场海上航行

你该怎么做

- 使用情绪罗盘帮助自己判断身为父母的你哪些地方做得对。
- 遵从自己的情绪，但也要对它们进行调控。
- 确保自己的情绪罗盘校正好了。
- 将情绪罗盘用在你的孩子身上（参见第 4 章的"情绪罗盘"）。

建议与可行策略

情绪可能会欺骗你。你所出现的情绪，可能是你现在遇到的事情正好与以前的经历有关，或与此前发生的事情有关。正因为如此，你需要仔细思考是什么引发了你现在的情绪——并且需要对这些情绪进行调控，确保它的强度不会超过你孩子的情绪强度。

你需要对自己的情绪罗盘进行校准，以确保它是否调校好了。在你自己的儿童时代，可能有人教给你说好奇心是不好的，生气是坏的情绪，我们不应该相信家人以外的人。而这些都是与情绪紧密相连的价值理念，如果你自己不去审视、不对自己的情绪罗盘进行校准的话，就很可能在不知不觉中将其传给你的下一代。

具体范例

> 卡尔7岁了,每天早上他与朋友在他家的私家车道上碰头后,就一起走路去学校。有时卡尔睡过头了,他朋友就会等他。不过,卡尔对此无动于衷,但他妈妈很生气(她感到超过了自己的界限),于是她与卡尔进行了一场严肃的谈话,指出这样对待别人是不对的。

充当孩子情绪控制的船锚

儿童发展与成长的主要特征就是学习对情绪的自我控制。在这个过程中,需要父母在面对有强烈情绪的孩子时,严格控制好自身的情绪。父母只有对自身所表现出来的情绪进行良好的控制,才能帮助孩子顺利度过强烈的情绪体验。

以前通常认为好的教育方式应该这样考虑:"如果孩子表现出了强烈情绪,那一定是不好的。"如今身为父母的你最好记住下面这句话:"如果孩子有强烈的情绪或想法,那这时我应该成为他们的船锚。"孩子可能会因为害怕惩罚而学会控制自己,但是,这无法让他们学会控制自己的情绪。而且,这样的学习速度要比与成熟、自我控制良好的父母进行互动要缓慢得多。

人类自一出生起,就开始学习对情绪的调控了,并且这个过程贯穿着整个童年时代,尽管形式各异、程度千差万别。但不管在哪个年龄,他们都有大把的机会去学习如何应对自己的强烈情绪。

第2章 把心智化养育当作一场海上航行

建议与可行策略

如果你自己不能控制好自身情绪,却希望在教育孩子学习控制情绪的时候不受此影响,那几乎是不可能的。你需要记住,那些让孩子产生强烈情绪的场景,其实是你和孩子进行学习的大好机会。

虽然你只是孩子的船锚,但这并不意味着你要一直让步。通常来说,那些经常让步的父母,常常会体验到更多的冲突。

具体范例

亨利已经两岁半了,经常耍小性子,这让他妈妈很是心烦。有人告诉她要让孩子认识到生气的时候踢东西或砸东西是不对的。她朋友建议她可以给孩子一个暂停时间,直到孩子安静下来为止。于是她将孩子关在他自己的房间里,但又感觉这样太残忍了,因为亨利在里面大声哭喊,根本就安静不下来。

后来,她决定在亨利情绪变得激烈的时候,自己就坐在他身边。这时候,她首先慢慢平静自己的情绪,然后再帮助孩子来慢慢平复。当她看到亨利自行平复的困难,以及她安静地坐在亨利身边对他的有力帮助之后,她为自己以前让他独自平复情绪而感到非常羞愧,因为那些情绪的强度太大了,远不是他可以独自调控的。

你该怎么做

若你想成为孩子的船锚,帮助孩子控制好自身情绪(见图2-3),你需要做到:

- 首先对自己的情绪进行调控;
- 了解自己的情绪调控方法(参见第4章);
- 对引发孩子情绪的原因要保持好奇心;
- 如果孩子的情绪非常激烈,那么首先要转移他们的注意力;
- 记住,导致孩子大发脾气的激烈情绪是非常正常的。
  - 1岁:平均每周7.5次,每次平均2.1分钟。
  - 2岁:平均每周8.7次,每次平均3.9分钟。
  - 3岁:平均每周6.1次,每次平均4.2分钟。
  - 4岁:平均每周4.8次,每次平均5分钟。

孩子情绪强烈时,做好船锚,并努力理解

图 2-3 船锚示意图

为创伤孩子航行保驾护航的 STORM 模型

STORM 模型涵盖了与创伤儿童有关的所有核心要素,这也是你应该掌握的方面。STORM 是安全感(security)、创伤关注(trauma focus）、技能获取（obtaining skills）、资源与优势关注（resource/strength focus）和心智化（mentalization）五个英文单词的首字母缩写。在你照顾受到创伤的儿童和青少年时，STORM 这个词语就代表着你所要从事的工作领域。如图 2-4 所示，这一领域充满了能量与力量。STORM 或海上风暴，可能是一种建设性力量，能够清洁卫生、推动船只前进，以及创造新的机会和带来平衡。但是，风暴也可能是危险性的，具有破坏作用。

孩子若想顺利成长与发展，就需要有一个安全、心智化的环境。那些受到过创伤的孩子更是如此。对儿童来说，技能与能力的发展是社会互动的核心与自然组成部分，但如果他们感觉不到安全，那么他们就会将精力投放到回避危险而不是发展新的能力上。

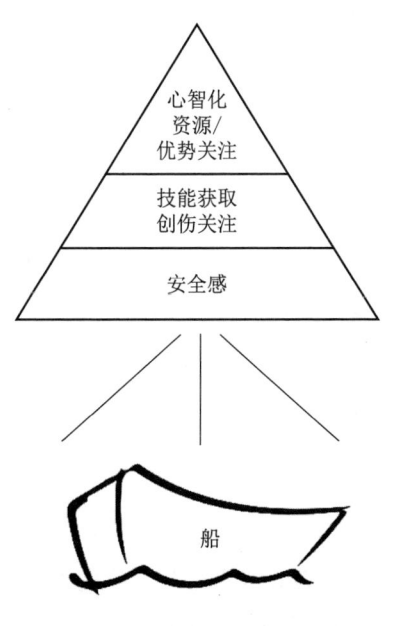

图 2-4　STORM 模型示意图

你该怎么做

安全感

- 安全感使得儿童能够将自身资源用于成长与发展，而不是挣扎于生存。创设一个安全的环境不仅可以保护儿童避免受到新的创伤，还能为儿童的日常生活构筑起一个安全空间，由此能够使孩子与其父母进行良好且安全的互动。

创伤关注

孩子的行为可能是创伤体验的后续反应。你需要了解创伤能够带来哪些典型的后遗症，然后留心这些反应，并采取有针对性的教育。

技能获取

让孩子生活在一个能够专注成长与发展而不是挣扎于生存的环境下，可以有力地促进孩子发展那些尚未完全发展的技能。

资源与优势关注

鼓励孩子看到自己身上那些尚未开发的资源与优势，即使面对创伤性事件也是如此，由此可能会使孩子形成更为积极的自我意象。这里的资源与优势可以从广义的角度去理解，比如可以是个人的天赋、素质、特点和应对策略等。

心智化

重要的是你不仅需要在与孩子打交道的过程中进行心智化，在与伴侣及其他人交往的时候也应如此。

第 2 章　把心智化养育当作一场海上航行

> **建议与可行策略**
>
> 　　儿童如果长时间生活在创伤性情景中，比如长期生病、被寄养或被收养后遭受长期的虐待等，那会对他们的技能发展势必会造成影响。你必须以孩子当前的发展水平为起点，而不能仅仅根据这一年龄的典型表现来判断。

具体范例

　　11 岁的艾伦从朋友家回来的时候，被一个持刀男子抢走了手机。此后，他不敢离开家门。他父母陪了他一段时间，不仅接他放学，还在事件发生后的头几天与他同睡（安全感）。一直以来艾伦就有点谨小慎微、顾虑重重，他父母鼓励他稍微走出自己的舒适区也有段时间了，比如去朋友家过夜。但这件事情发生后，他父母觉得现在并不是继续推动他的好时机（心智化）。他们告诉艾伦说，避开让自己害怕的事情是一种很正常的表现（创伤关注），并着重强调说艾伦在那件事情上做得很好，不管是对劫匪还是对警察都是如此（资源与优势关注）。一段时间后，等被劫事件对艾伦的影响慢慢被淡化，他的父母又开始鼓励他与别人交往，在朋友家过夜（技能获取与建立关系）。

第3章

父母在孩子心智化成长之路上的角色定位

看着孩子慢慢成长，不断学习到新的能力，这不仅让人开心，也是对你生儿育女的一种奖励。当然，随着孩子慢慢长大，会不断出现新的挑战。不管是在人生的哪个发展阶段，都会有该阶段的优势与劣势。作为父母，重要的是不能只看到孩子的劣势，也应该欣赏孩子的优势。生儿育女可能会成为你生活中的烦恼之源，因为孩子的成长发展不仅会有进步的时候，还有可能会在发展过程中走一些弯路，甚至出现倒退。因此，关键在于，你需要对孩子的成长保持耐心，并始终关注那些正常发展的方面。

孩子刚刚出生的时候，他们的大脑还远没有发育成熟，大概需要 20 年左右的时间才能完全成熟。孩子大脑的发育程度取决于很多因素，其中主要会受到他们与父母以及外部世界的互动这一外因的影响。婴儿生下来就有着巨大的发展潜力，会随着他们的成长而慢慢展现，但为了使这种潜在的可能性转变成现实，孩子还必须与那些能够提供支持与帮助的成年人进行互动。幸运的是，父母本就特别喜欢给孩子提供一些能够促进孩子发展与成长的互动与交流。为了更好地教育孩子，父母也应该掌握一些儿童发展心理学方面的知识。

你对自己的孩子了解得越多，对什么行为是正常的了解越深，你就越能采用心智化的方式与孩子交流，也能更好地为他们的发展与成长提供支持与帮助。如果我们继续沿用前面的"海上航行"作为比喻，将孩子看作即将扬帆大海的小船，那么你就会把船舱中满载的货物看作孩子所拥有的潜能；当然，这些潜能需要培养、支持、被认可，由此才能得到更好的发展。孩子这艘船只中载满了六种货物，分别是情绪、行为、社会关系、生理发展、自我、注意与认知。在心理学家贝塞尔·范德考克（Bessel van der Kolk）看来，正常儿

第3章 父母在孩子心智化成长之路上的角色定位

童都需要在与成人以及其他孩子的互动中来发展这些潜能。

接下来，我们会将儿童的成长与发展区分为不同的发展阶段，再详细介绍各阶段在这六个方面的发展情况。我们将儿童的发展区分为0～3岁、4～8岁、9～12岁和13～18岁总共四个年龄段。在介绍的时候，我们会用图表的形式概括出各阶段的发展特点，介绍在不同阶段需要如何给孩子提供支持与帮助，不同阶段的心智化能力又如何才能得到发展。但是，我们只是希望这些图表能够对你有所启发，千万不要当作给你的具体指示。关键的是，你需要根据孩子的具体特点去采取相应措施，因材施教。

0～3岁婴幼儿的照顾者：让互动充满爱与支持

孩子出生是人生的一个重大变化，会让人感到承担着巨大的责任。孩子需要学习的东西很多，这使绝大多数父母偶尔会产生不确定性，觉得压力沉重。家庭由原本的两人变成三人（或从三人变成四人），这个变化很大。你需要将另外一个人的需求置于自身需求之上，这也会要求你付出很大的能量。但是，你仍然需要认识到这能够为孩子提供安全港打下坚实的基础。

好在为人父母的天性能够让我们在这个过程中自发地为孩子提供帮助与支持。但是这并不意味着容易，因为在这个过程中，你可能会产生强烈的情绪，可能会感到困惑。在教育子女的时候，不管有意还是无意，我们不仅会从自身孩童时代的经历中提取经验，还会从他人对待我们的方式中进行学习。

你在阅读后面 0～3 岁儿童发展特点（见表 3-1）的时候，需要牢记 0～1 岁是人生发展最快的阶段。在照顾孩子的时候，你需要特别留心小孩发出的信号，并且要相信你自己的本能反应——陪着小孩时嘴里发出一些声音、与孩子做些小游戏，摸摸孩子或者轻轻地摇摇他们——需要在孩子的成长中扮演重要角色。但是，千万不要高估孩子的能力。当孩子退缩的时候，那么很可能是孩子需要休息一会儿。

对为人父母者来说，这个阶段的最大问题是他们会常常担心自己对孩子照顾得不够好。当孩子刚刚获得的能力需要一定时间去完善或发展时，也常常会让为人父母者感到抓狂、沮丧。比如，当孩子第一次喊出"妈妈"的时候，你可能非常开心，但孩子有可能在接下来的好几天都不会继续叫妈妈，这会让你很着急；或者孩子可能周一的时候展现出了某个新能力，却在接下来的一个星期没有任何类似的表现（见表 3-2）。

建议与可行策略

幼小的孩子需要与照顾他们的人进行互动，并在这个过程中进行大量的学习。但是，这个互动过程需要尽可能地自然，并且对孩子的照顾需要尽力充满爱与支持，如此才能更好地促进孩子的发展与成长。也正是这个原因，你需要学会放松，需要从孩子身上体会到乐趣，也就是说，只有这样才会令整个过程变得更加自然。

第3章 父母在孩子心智化成长之路上的角色定位

具体范例

有位妈妈想好好支持自己小女儿的成长与发展。她花了很大工夫将孩子的所有情绪都进行命名，帮助她了解身体是如何工作的，以至于她有时会忘记享受她们之间发生的一切。每当孩子的爸爸回来，她总是对他说："抱抱她。"

在小姑娘快一岁的时候，她说出了她生命中真正的第一句话。那是有一天她爸爸刚刚下班回家的时候，小姑娘看到他非常开心，于是喊出了她认为的爸爸"名字"——"抱抱她"。妈妈忍不住笑了，然后花了很长时间努力教女儿喊"妈妈"。

表 3-1　　　　　　　0～3岁婴幼儿发展特点

	发展特点	你该怎么做
情绪	刚刚出生的婴儿就已经具备了人类的基本情绪，但还需要通过与父母的互动才能学习如何将这些情绪进行命名、分类以及用语言表达出来 当物体离开了孩子视线，孩子有沉重感时，就需要学习将这种信号命名为"难过"。随后，孩子需要学习用语言将这种信号表达成"我很难过" 孩子与父母双方都需要做好准备，以便进入那种能够促进孩子成长的互动，由此父母就可以识别出孩子的情绪。亲子之间的互动还能够让孩子学习如何对自己的情绪进行调控。如果父母能够帮助孩子将注意力从令他们感到紧张的事物上转移，鼓励他们将"情绪音量"调小，那么孩子就能逐渐学会调控自身的情绪。孩子自出生时起，情绪的自我调控就	你必须帮助孩子将他们内心的想法转化成类别化的情绪 对孩子的情绪要抱有兴趣。要对之留心，并用语言说出来，最好是用询问的形式，比如"你害怕了吗""你觉得这很有趣吗"你对孩子说话时的声音、姿势、面部表情，都能帮助孩子更好地理解其情绪。你与孩子之间的玩乐以及你对孩子所说的话、所做出的反应，都是在将情绪的一些基本知识教给孩子。记住，没有哪种情绪更好，它们都是孩子情绪罗盘中的一部分 孩子学习情绪自我调控的唯一方式就是你要成为孩子的学习榜样，你要控制好你自身的情绪 如果孩子的情绪很激烈，你一定要记得让自己成为孩子的船锚，要努力去理解

续前表

	发展特点	你该怎么做
情绪	是他们重要的学习任务之一，尤其是在一岁之前，因为他们爱发脾气，诸如哭闹、抓咬、踢打人、吐口水、摔打东西这些行为就在孩子中非常常见 孩子要学习对愤怒之外的情绪进行控制同样很难。比如，孩子的哭闹，或因分离而非常伤心、难过，或对某种噪音，其他诸如汽车、大狗等大型物体的恐惧，或这一阶段再晚些会对怪物和床下鬼怪感到害怕	为了帮助孩子更好地控制情绪，你首先要控制好自身的情绪，然后再努力去寻找引发情绪的原因。如果情绪非常强烈，那么先分散孩子的注意力。要积极主动地从长远角度进行思考这通常是发生在什么情况下呢
行为	婴幼儿能够对父母的动作和面部表情进行延缓模仿。一岁之前的孩子，对探索自己周围的世界充满着极为浓厚的兴趣。婴幼儿通过不断重复不断积累新的经验。孩子生来就拥有发展的潜力，这些潜力能够影响到他们的行为方式，而这些行为方式又会使父母觉得必须去尊重、鼓励与支持他们 新生婴儿的行为都是下意识、没有经过思考的，这可能会让你觉得很头疼，因为这意味着斥责他们或对他们说理都没用。如此一来，就要求父母对孩子抱有非常高的容忍与包容性。孩子的情绪只反映了他们的感受，而父母的责任就是要去帮助孩子控制好这些内在感受并学会用语言表达出来 父母的另外一个挑战是孩子有许多能力还没有发展成熟，比如认知能力或情绪能力，由此孩子可能会做出一些危险的事情，或表现出一些不被社会所接纳的行为，比如咬人或躲避别人 孩子天生的好奇心可能也是父母要面临的一个挑战。比如孩子可能会将一些脏东西放到嘴巴里或者	同婴幼儿在一起时，你需要对孩子的肢体动作进行控制。比如孩子抓住你的头发时，你需要轻轻地把孩子的手掰开，然后握住他们的手。如果到睡觉时间了，你要把孩子裹好，轻轻地摇动、帮助孩子入睡，因为他们还不能控制自身的肢体动作。在孩子一岁之前，父母的主要任务就是通过这些身体上的照顾来体现自己的参与，由此让孩子感受到这个世界是安全的，由此他们才能认识到他人可以帮助自己去体会如果自己改变了行为、那会有什么感觉 随后，你开始采用一些方法去表达你对孩子的认可，以及为孩子指明方向："你想对小狗好，那么最好这样去抚摸它。"这个阶段的小孩还不能对自身动作进行很好的控制，或者说只有在家长用明确的语言去制止孩子行为时、他们才能控制好自己 在对孩子行为进行控制的时候，你不能只看到具体的行为，还需要自己说明以及示范一下、鼓励孩子去做你希望他们做的事情。

续前表

	发展特点	你该怎么做
行为	跑到街道上去，这时候你要记住，好奇心是学习得以发生的基础 　　当孩子大概两岁半的时候，会萌发出独立自主意识，表现为在面对某些事情的时候、他们会坚持要自己去做	明智的做法是要提出具体而适宜的要求，这样孩子才能得到更好的发展与成长
生理	这一阶段的孩子长得特别快，会不断获得新的身体能力。新生儿对自己的身体还不熟悉，还不知道如何将身体所释放的信号表达出来 　　在这一阶段，孩子必须学习如何对身体所释放出的信号进行命名、分类，以及用语言表达出来，比如吃饱了、肚子饿了，身体冷了、热了，累了或醒了，还有身体的其他状态等 　　比如，孩子需要学会命名（我要放屁了），分类（放屁是那种声音），然后学习如何进行控制（有时想放屁的时候我能控制） 　　孩子在与他人身体和心理互动的过程中，会慢慢认识自己的身体状态。手上的皮肤细胞能够产生触摸感。当这些感觉被用语言表达出来，并产生镜映作用的时候，孩子就会了解到他们身体的功能——会痒吗？你肚子疼吗（身体上）？这摸起来是凉的吗（心理上）？ 　　有些孩子可能在睡眠的控制上比较麻烦，而有的可能是进食上。有的孩子可能特别不喜欢别人与他们进行身体接触，而有的则可能需要很多的身体接触才会觉得安全	虽然孩子有自己的身体和内在的身体反应，但只有通过与其父母的互动，才能学会对自己身体的认识与控制 　　在你触摸孩子身体的时候，你就能够帮助孩子认识到他们自身身体的范围，帮助他们将身体从外周世界中区分开来。当你轻轻地拍打孩子的背部时，他们就能感觉到自己背部皮肤上的细胞与你手的接触，由此就会在孩子的大脑中进行登记，将身体与大脑反应联结起来 　　在帮助孩子控制其自身的生理需求时，比如吃饭、睡觉，需要和缓、徐徐地进行。你帮助孩子进行生理上的自我控制，其实就是在为孩子今后自己进行生理控制打下基础 　　你与孩子之间的对话以及身体接触，其实就是在帮助孩子练习对自己身体状态的认识，能够帮助孩子对它们进行命名、分类以及用语言表达出来："你饿了吗？""你的手冷吗？""你累了吗？"
人际关系	婴儿在刚出生时，就有了对人类社会关系的第一次体验。在与成人的第一次接触中，孩子会慢慢建立起自己的期望，这个世界是安全的吗？能否依靠别人来满足自己的需求呢	让孩子感受到你在他身边。给他安慰、换尿布，陪他玩、逗他开心、陪他说话。你要成为孩子的安全港（由此孩子才愿意去探索外部世界），还要成为孩子愿意返回的安全基地

续前表

	发展特点	你该怎么做
人际关系	当孩子感受到照顾者可以成为自己的安全港时，就能认识到与他人接触是有价值、有意义的，由此才敢走出去与人接触 这种安全感就意味着孩子能够将他们的能量花在对周围世界的探索上 婴儿在8~12个月的时候，能够根据他们所建立的依恋模式，开始对自己能有什么期望形成固定的认识，也就是说，对社会关系可以有什么期望。这种模式直到成年期都能一直保持稳定（参见第2章中的"依恋模式"） 重要的是要让孩子父亲与孩子建立起重要的社会关系（以孩子自己的方式）。使孩子与其父亲建立起良好的、稳固的关系会产生许多积极的作用，不管对孩子还是对孩子的爸爸或妈妈（参见第2章中的"发展路径——从外部控制到内部控制"中的"你该怎么做"的最后两点）	如果你的孩子有点回避倾向，在感到不安全的时候不会寻求你的安慰，那么你就必须帮助他，使他愿意去寻找安慰。这时，你首先需要让孩子体会到寻找安慰是值得的，并让他感受到你愿意去了解他 如果孩子有点矛盾型依恋，并且大多数时候不敢离开你的身边去探索周围世界，那么就让孩子感受到你对他的信心，让他感受到你相信他自己能做好 如果孩子受到以往不好体验的影响，表现为混乱型依恋，没有应对的策略，那么你要特别重视对孩子进行心智化，要记得去寻求他人的帮助，因为这种情况是你独自难以处理的 如果孩子与他人建立起了不同类型的人际关系，那是再好不过了，比如，孩子看到父亲与母亲做着不同的事情。若孩子能够以不同的方式被人安慰、爱护、责备以及陪同玩耍，就能获益更多
自我	婴幼儿也是一个具备一定能力和潜能的独特个体。通过与全心奉献的成人进行互动，他们能够学会了解自己，从而得以成长与发展。孩子能否建立起一致的自我感，取决于是否被他人视为一个独立的个体。父母是否认可孩子的潜能，以及是否把孩子当作一个人来看待，在孩子自我感的形成过程中起着至关重要的作用。父母对孩子的感知会影响到他们与孩子的互动方式，而孩子自我感的形成也会受到其父母的话语、表情以及语气的影响自我由主体我（I）与客体我（me）两部分组	你可以把孩子看作具有积极的"主体我"以及了不起的"客体我"来表达对他们的认可，从而帮助孩子形成积极的自我意象 帮助孩子形成连贯一致的自我叙说。在孩子还不会说话的时候，你可以对他们说："你是一个好奇心很强的孩子。""你是一个努力吃奶的孩子。" 当孩子学会了说话时，对他说一些他之前做得好的事情，并帮助孩子创建人生故事。你可以提一些引导性的问题，比如"我们今天去游乐场玩，去看那里的驴子是很开心的事情，你还记得吗？"

第3章 父母在孩子心智化成长之路上的角色定位

续前表

	发展特点	你该怎么做
自我	成。"主体我"是经验的主体，是行动者——我很厉害，即使没有多少牛奶了，我还在拼命吮吸。"客体我"是经验的对象，是经验的内容——我是爸爸的宝贝儿子 孩子在一岁之前，各种动作开始有了意向性，会主动去探索周围世界，从而体验到自己是一个独立的个体 如果孩子是两岁半左右，那么父母要对孩子的独立意识以及由此所带来的冲突给出合适的反应，这可能是一个巨大挑战。孩子在这个年龄开始有了羞耻感，这种情绪确实具有约束不适宜行为的积极作用，但也需要保持均衡，以使之发展成另外一种情绪——内疚（详见第6章中"孩子的羞耻感与内疚感"）	对独立意识开始萌芽的孩子给予协助，帮助他们理解有人不同意或与人有冲突都是一种很正常的现象，这其中并不一定就有人不对。一旦你设定了边界，那么记得让你自己的身体站在孩子身边。这有助于孩子平静下来，因为这不会让你看起来是一种威胁。让孩子知道什么可以做、什么不可以做，会让孩子感到安全。通过这种方式，你就能够增强孩子积极的、主动的自我，使他们能够自己制定界限
注意与认知	注意的发展在儿童成长过程中极为重要，这决定了儿童经验中的哪些信息能被关注到 儿童的注意在出生后就慢慢地变得越来越具有可控性、计划性和适应性 婴幼儿在大概6~9个月的时候，会开始从照顾者的反应上来判断自己应该如何对周围环境做出反应。比如，若幼儿看到一只小狗，他会首先看向自己的父母，以判断这是否安全（社会参照）。到了大概12个月大时，幼儿不仅会参与到这种共享式注意中去，还能够主动地创建出共享式注意，比如他们会指着某些东西，期望父母针对其指向做出反应 认知包括想法、知识、语言，以及解释能力与创建出事件意义的能力。在整个人生中，一岁以前是认知能力发展最快的阶段。为了促进	再将注意力放在父母身上。父母若留心孩子所发出的信号，将注意力适时地关注到孩子所注意的事情上，那么也能促进孩子注意力的发展 父母在给予孩子刺激的时候需要把握好度，给予的刺激既要适量，又要避免过度 孩子从照顾者那里学习到自己需要学习的东西，包括语言、颜色、名字以及动物叫声，等等。记得尽量在与孩子玩乐的时候教给孩子东西

续前表

	发展特点	你该怎么做
注意与认知	婴儿认知能力的发展，需要给予婴儿足够的刺激，但想在适量与过度之间找到一个平衡，对父母来说是一个巨大挑战	

表 3-2　　　　　对 0～3 岁婴幼儿的心智化

	心智化	如何促进孩子的心智化
0～6个月	孩子心智化的发展取决于亲子之间的互动，但主要还是来自父母的教育，是父母对孩子进行心智化时对孩子的教育。这表明父母对孩子的内心状态有着一定的推测。通过标记式镜映，父母能够将孩子的情绪与内心状态发送回孩子身上。由此，孩子就能慢慢了解自己。标记式镜映是指父母表现出与孩子稍有不同的情绪，以此向孩子表明所表达的其实不是自身情绪，而是希望自己表达的这些情绪能够帮助孩子去理解其自身的情绪。通过这种互动，孩子的情绪种类与心理状态也会变得越来越丰富。也就是说，孩子各类情绪产生主要是建立在与父母的互动基础上的	孩子在感到安全的时候，以及在与心智化父母进行互动的过程中才能获得心智化的发展 　　父母可以通过与孩子保持同频，以及通过共情和标记式镜映以认可孩子所表达的情绪，由此促进孩子心智化的发展 　　对孩子来说，需要不断地体验到这种类型的互动。而身为父母的你，重要的是要记住一旦你看到孩子被过度刺激，就要让孩子休息一会儿 　　标记式镜映是指了解到孩子的内心状态时，自然而然地做出的本能反应，也就是说，你无须有意识地去做出傻乎乎的表情。相反，你需要有意识地将能量投入到好好理解孩子此刻的内心到底发生了什么，然后镜映过程就会自动发生了 　　你需要做的重要事情是，要将你理解到的孩子内心与你自己内心想的东西用语言说出来。以心智化的方式，把这些都告诉孩子。记得要用妈妈式口气，把孩子当成一个谈话对象，你自己轮流着以双方的角度去说。要把孩子当作一个有自己想法、需求和情绪感受并有自己主

第3章 父母在孩子心智化成长之路上的角色定位

续前表

	心智化	如何促进孩子的心智化
0~6个月		观意图的人，即使你的孩子还没学会说话。通常来说，会探索自己内心的父母也更有兴趣去了解自己孩子的内心
6个月	六个月左右大的孩子，开始认识到事情的因果关系，能够将行为与行为背后的原因慢慢联系起来。再之后，孩子会开始认识到动物与电动玩具不一样，是有自主意识的	你要促进孩子那刚刚萌芽的对因果关系的认识，可以帮助他们去努力理解他人行为与他人内心所想之间的因果关系。你可以借助卡通片或书籍当中的人物形象，或动物、玩具，从而将不同的心理状态展示给孩子
8~12个月	这一阶段的孩子开始认识到，父母行为背后是有意图的。他们开始期望父母能够理性行事，开始认识到自己行为背后也有着一定的意图，并且可以有不同的行为选择（我是爬过去还是将肚子挺过去，哪个更快一点）。孩子还做不到对心理状态的真正认识，还只限于他们的目光所见。因此，如果妈妈去看另外一个房间的孩子，那他们就无法理解妈妈的意图是什么了，因为看不见妈妈。这一时期的孩子还不能完全认识到他们的内心世界是自己的、私人化的，因为他们只有从父母那里学习才能慢慢认识到这点	父母可以帮助孩子去建立外部世界与孩子内心世界的联结，使孩子认识到这两者之间的关系。如"妈妈要去厨房给你拿面糊。"你也可以对自己的内心活动进行说明，如"妈妈吓坏了，所以我才大声叫喊"。你还可以把物理世界与精神世界进行联结，比如在亲孩子的时候嘴里说"妈妈爱你"
15个月~3岁	这个时期的孩子开始慢慢发展出与心理状态有关的语言，他们的行为也开始考虑他人的需求与情绪，表现出了非自我中心特点。他们开始认识到人的行为是有目的的，开始能够区分哪些行为是有意图的，而哪些行为是随机、偶然发生的 在1~2岁期间，孩子会开始发展心理对等能力，即认为别人与	你要鼓励孩子去帮助别人。鼓励他们乐于分享，帮助孩子回想被他人认可时感到开心的场景。要同孩子谈论别的孩子和成人的情绪表达或爆发性情绪。还要同孩子一起分析或推测他为了什么开心、生气、伤心害怕 然后你自己再表现出相同或类似的情绪，以帮助孩子将此与其自身的内心体验联结起来，由此

109

续前表

	心智化	如何促进孩子的心智化
15个月～3岁	自己有相同的心理状态；此外，还会表现出假装模式，也就是玩耍时表现出的心理状态并不是他们此刻真正的内心状态，比如孩子玩耍时假装不开心 这两个能力是心智化能力真正得以发展的先导。这一阶段的大多数孩子开始认识到他人行为是取决于当时的内心状态（如想法、情绪），以及另外一些较为稳定的特征，比如能力或人格	使孩子慢慢体会他人的内心状态形成心理意像 你需要特别注意，四岁之前的孩子会有愤怒或挫败感，因为他们期待他人了解自己的感受与想法，认为他人会与自己一样去感受和体验 要鼓励你的孩子玩耍，因为这是心智化发展的基础

4～8岁儿童的陪同者：陪孩子在玩中学

这一阶段的儿童从学前期慢慢成长到进入学校。著名发展心理学家（弗洛伊德和艾里克森）认为，这一阶段发展健康的儿童会体验到掌控感和主动性，同时认知能力和性别认同也会得以发展。处于该阶段初期的儿童常常会面临许多挑战，但到这一阶段结束的时候，通常会进入到一个相对平静和稳定的时期。该阶段的儿童变得越来越重视与父母以外的人建立联系，同年龄的友伴以及其他成年人在其成长过程中扮演着重要的角色。

建议与可行策略

处于这一发展阶段的孩子，其绝大部分的知识都是在玩

第3章 父母在孩子心智化成长之路上的角色定位

要中学到的。因此，陪同孩子一起玩耍就变得非常重要（同孩子一起打闹和学小狗汪汪叫）。记得要让孩子去掌控游戏，并让孩子有机会和同龄小孩一起玩乐。

具体范例

有个六岁的小男孩在和妈妈玩完足球后走在回家的路上。他不断地请妈妈与他比赛。"我要比你更快地跑到那颗树下！"他妈妈只加了一点点速度，但她儿子已经跑到前面去了。当妈妈也跑到树边的时候，他总结道："我是世界上跑得最快的。我太厉害了！"（掌控感并觉得自己无所不能）。在晚上睡觉的时候，这个小男孩逗自己的小弟弟，叫他小肥猪（新的心智化技能），结果兄弟俩打闹了起来（尝试去了解身体/身体活动）。当到点睡觉的时候，小男孩还是无法平静下来。他担心爸爸妈妈会死，会离开自己。他问了数千次如果这事发生了，那他要住哪儿呢。他妈妈会保证这不会发生吗？他还想给值夜班的爸爸打电话，以确保爸爸还活着（需要支持孩子对焦虑的调控，要如实地给孩子回应）。

表3-3　4～8岁儿童的发展特点及父母的应对策略

	发展特点	你该怎么做
情绪	这一阶段的儿童能够对情绪分类、调节并用语言表达出来，不过这一切仍然需要他人的支持。此外，还能够初步理解诸如内疚、窘迫、忌妒之类的情绪，同时伴有伤心与愤	如果你的孩子正好处于这一阶段，那你一定要牢记下面这两点： • 在孩子感到紧张时，你要努力去做好孩子的船锚，努力理解他们的感受

续前表

	发展特点	你该怎么做
情绪	怒之类的感受 　　该阶段初期的儿童还是经常会突然生气，还很难对此进行自我控制。他们只是从自己的角度去看待事情，还没有发展到原来事情还可以从其他角度去理解的阶段。有学者发现，通常来说，四岁儿童每个星期平均发脾气8次，平均每次5分钟 　　在对焦虑的调控上，有的孩子可能需要更多的支持。在孩子感到焦虑的时候，他们会难以承受，认为自己的经历就是现实，而且一直都是这样的 　　6~8岁儿童所感受到的没有受到控制的焦虑会指向那些较为偏向存在主义的主题，比如担心父母不来接自己，害怕父母会死，或担心会发生恐怖袭击	• 你需要帮助孩子将他们的想法转化成类别化的情绪 　　如果孩子有着强烈的焦虑，你要真诚地与孩子就这一情绪进行讨论，因为若孩子不信任大人，他们就会更害怕。"我们都会死的，但很少有父母因为死亡而离开他们的孩子。"要对焦虑挑战，但一定要慢慢来，要让孩子去体会如何对此进行控制 　　与孩子一起对情绪进行讨论是一个很不错的做法，你可以同孩子一起看一些与情绪有关的电影，比如迪士尼皮克斯动画片《头脑特工队》（*Inside Out*）。你可以给孩子讲述情绪罗盘，告诉他们情绪就如音量旋钮那样可以调大调小。你还可以告诉孩子情绪就象是天上的云彩飘忽不定，我们完全可以不参与进去，只是远远地看着它们
行为	这一阶段孩子的行为具有了独立性和主动性，并能成功地完成某些行为。这就意味着他们有了掌控感，对自己的能力有了基本信心 　　在孩子大概五岁的时候，在遇到类似的情境时，能够遵从父母的指令，并且嘴巴里会大声对自己说："你在没有看马路两边之前，不能穿过马路。"此后，他们只依靠头脑中的想法就可以对行为进行控制，而无须再说出来 　　在行为方面，这一阶段的儿童需要知道什么行为才是大家所认可的。他们关注规则，由此，也做好了学习社会规则或社会规范的准备 　　八岁左右的孩子开始能够理解有些规则并不是普遍性的，而是一些	对这一阶段的孩子，重要的是要让他们体验到掌控感，而非失败或能力不足。你要帮助孩子去学习一些基本的社会规范。比如，吃饭前洗手，礼貌地打招呼，不能没穿衣服就在客厅窜来窜去。你要给孩子做个有耐心的好老师。要充分利用孩子天生的学习本能，由此他们才会被兴趣与好奇心所驱动。比如，当孩子想帮着收拾桌子或做饭的时候 　　给孩子设置一些明确的规则是一个很不错的主意，比如制定睡觉、起床、吃饭、看电视时该如何做的规则 　　如果你已经制定了规则，那么在你已经明确说"不"的情况下，

第3章　父母在孩子心智化成长之路上的角色定位

续前表

	发展特点	你该怎么做
行为	人创建出来的，是可以忽略的。他们喜欢去测试不同的成年人的底线 父母是这一阶段孩子的学习榜样。孩子会观察父母是如何处理情绪、社会关系以及冲突。由此，父母需要特别留心自己的行为 这一阶段的孩子对性别特异行为有着特别浓厚的兴趣——比如，小女孩喜欢穿母亲的高跟鞋、擦母亲的唇膏，而小男孩则更喜欢摆弄家里的工具	就必须坚持，当然需要以心智化的方式。如果父母坚持自己的决定，那么孩子就能够更快地学会克制自己的行为，因为这为孩子提供了一个可预测的环境和可依赖的照顾者（参见第6章中的"边界感"部分）。 你自身要成为良好行为的榜样，并为孩子提供不同的行为榜样。比如，不给孩子提供基于同一性别的榜样
生理	在这一阶段，孩子对自己的身体有了掌控感和胜任感。他们可以通过运动来提高自己的身体能力，因为这要求他们对身体进行良好的控制 这一阶段孩子的身体变化相对来说比较协调 通过游戏（特别是学小狗汪汪叫和打闹游戏），孩子能够对情绪自我控制的生理方面进行训练。在这些游戏中，孩子先是将情绪强度调到最大、然后又调到最小，比如，在玩"不许动游戏"的时候，在喊"1、2、3……"时，你要尽快走动（强度最大），但等到喊出"不许动"的时候，你就需要尽快让身体不动（强度最小） 刚刚进入这一阶段的孩子对自己的身体特别感兴趣，尤其是生殖器区域。他们喜欢去触摸这些部位，特别喜欢观看或谈论与生殖器有关的话题	这一阶段的孩子开始能够控制自己的身体，想要玩耍、攀爬或运动。要鼓励他们尽可能去练习自己的身体。 记得要成为孩子生活中的一部分。要陪孩子玩耍，让他们感受到你喜欢他、愿意与他待在一起 孩子在玩游戏的时候会把玩具翻来覆去地倒腾、嘴里还会叽叽咕咕地说来说去，你需要认识到这是孩子在对情绪自我控制的生理方面进行练习。因此，你要容许他们这么做（如果会占用比较大的地方，那就把游戏挪到室外吧），因为这样可以让孩子学习怎样进行自我控制 孩子只会谈论那些能够说得出名字的身体部位。孩子只有在能够把事情说清的时候才会寻求帮助，不管是身体受伤去找医生还是被性侵犯了。"懂得多的孩子才会安全"。孩子不会对超出其发展水平的东西感兴趣，所以，你不用担心是不是对孩子说太多了

续前表

	发展特点	你该怎么做
人际关系	在这一阶段，孩子的社交技能得到了很大发展——从一开始主要和成人交往，到现在与其他同龄孩子一起玩，并且更多的是玩互动式的角色扮演游戏，而不再是各玩各的。在这些互动中，孩子能慢慢了解不同的自己，也会开始去测试其他孩子的边界 该阶段孩子还会更多地寻求与父母之外的其他成人接触，比如小学老师或幼儿园老师。由于这一时期的孩子已经有能力掩藏自己的内心想法，所以他们能够了解别人可能不知道自己在想什么。因此，这一阶段的孩子会说谎、骗人就一点都不奇怪了，这属于非常正常的情况 该阶段的孩子也慢慢认识到了人与人之间的等级——谁更高、谁更低，应该由谁来决定。在与其他孩子一起的时候，相对于同更大或更小年龄的孩子，他们与同龄小孩在一起会有更多的冲突，因为这时候大家的等级并不明晰、对谁做主会有更多的争论，毕竟没有谁能依据自己的年龄大就理所当然地宣称自己是领导人	你要帮助孩子将幼儿园或学校的生活经历用语言说出来："今天有谁对你比较好吗？"或"今天有谁对别的小朋友友好吗？""今天有什么事情让你不开心或生气呢？""今天有谁帮了你？"或"今天有谁同你聊天了？""今天发生的最棒的事情是什么呢？今天发生的最糟糕的事情是什么呢？"通过对这些经历的回忆，孩子就能体会到自己在营造良好氛围中所起到的重要作用。但是，你千万不要对孩子与其他人的关系，以及他们描述事情的语言能力抱有过高期望 你要支持孩子与其他的小朋友交往，在他们发生矛盾的时候要帮助他们解决。你要把孩子之间的争执，当作教授孩子基本社交技能的机会。如果两个小孩子本来玩得好好的，却突然出了岔子，那么你要与他们一起来探查发生了什么："发生什么事了？""谁先挑起的？""你还手了吗？""你为什么不玩了呢？""谁在那儿？"你可以邀请孩子的某个朋友过来，然后特地安排他们经历一次这样的体验，当然，需要在你的协助之下。比如，你可以让他们在你家中玩一玩某个特别容易起争执的游戏。虽然安排你自己的几个孩子一起去体验这种情境非常地不可取、令人头疼，但这样也可以让孩子的心智化能力得到展示。在这种情景中，孩子会知道如何让其他的手足生气，如何才能最有效地对手足进行招惹。如果你有精力，可以将这种情况当作让孩子学习的大好机会

第3章 父母在孩子心智化成长之路上的角色定位

续前表

	发展特点	你该怎么做
人际关系		在孩子与成人的关系上，你需要继续通过玩耍让孩子拥有积极的体验。你可以像个小孩子似地陪着一起玩，但是要记得让自己显得笨一点。孩子与父母的关系越好，那么他们与自己的手足、与其他孩子的关系也会越好
自我	该年龄阶段的孩子会觉得自己是一个有能力的人，觉得自己能够解决所遇到的所有事情，而这就会促进其自我的发展——孩子能体验到自己是一个主动我 孩子的自我价值感以及对自己作为客体我的感受主要是受到他们内心世界发展的影响，他们的内心世界变得越来越复杂、细化。孩子会越来越重视其内在的能力，重视老师与朋友所强调的技能，重视父母传授的技能以及自己被父母认可的能力。孩子也会开始对自己的价值进行评估，并认识到这些评估会引起某些特定的情绪 对学前儿童以及刚刚进入小学的孩子来说，他们的典型特点就是对自己有着非常积极的正面感知，会不断吹嘘自己的卓越本领。这也是此阶段孩子掌控感和独立意识发展的自然结果。在八岁左右，诸如兴趣、价值观这类的内在因素会开始对他们的自我概念产生影响。如此一来，他们的自我也变得越来越具有稳定性	你要经常让孩子描述他自己或别人的行为与性格特点，由此培养他们的自我感。不过，由于孩子的自我仍然处在发展过程中，所以你千万别抱太大期望。你可以多关注一下孩子的积极行为，然后用语言直接说出来："你是一个遇到困难仍然会努力尝试的人。" 在孩子对自己的自我价值感高估和自信心膨胀（偶尔）的时候，你要给予支持。当然，如果过于膨胀了，你需要帮助他进行调控，但一定要小心慎重，因为独立性与那种觉得自己无所不能的感觉是上天赋予的能够推动孩子进步的礼物 由于孩子不想被父母批评或被父母疏远，所以他们会根据父母的期望来调整自己的行为 在孩子有羞愧感的时候，你一定要帮他修复。一旦父母能够与孩子很快地重新建立联结，那么就能与孩子建立更为紧密的联系，让他感到他是"足够好的"，觉得与父母的关系并没有损坏
注意与认知	该阶段的孩子会开启人生生活的一个新起点，那就是进入学校与学习，这也是他们需要面临的一大挑战。这阶段的孩子开始能够理解规则与社会规范是由人所建构出来的，	你要促进孩子注意的发展：如果你给他布置了一个他很喜欢的任务、但需要比较长的时间去完成，那他能够坚持多长时间坐着不动呢？成人可以通过指向、演

续前表

	发展特点	你该怎么做
注意与认知	是建立在道德规范与大家认同的基础上的,并且知道可以对此进行协商 该阶段孩子开始能够理解一些抽象的概念,比如"左、右",但仍然是处在以具体、实际方式去理解世界的发展阶段。他们还难以理解诸如思维方式这样的抽象概念,如果概念涉及没有看见的事物,那他们也理解不了	示、交谈与解释来训练孩子的注意力 如果父母能够陪同孩子玩 Ipad 与电脑游戏,并且为孩子提供关于外部世界和人际关系的知识和信息,那么这就是能够促进孩子发展的最有效的刺激 你要帮助孩子掌握解决困难问题与任务的方法,帮助他们通过计划与将任务拆分去解决问题。这一阶段的孩子仍然会从父母身上学到很多东西。你可以随时随地将你对这个世界的了解分享给孩子,比如在你们乘车、散步,或拖他们进家门的时候。什么东西都可以说,比如汽车的牌子、汽车为什么会动、总统是谁,等等 有个好奇宝宝式的孩子可能会让你心烦,但是你可以尝试着将孩子的天然好奇心当作上苍赐予的礼物 你可以给孩子大声读书或陪着他读,鼓励他们写东西。你可以和孩子谈一些你觉得有意义的话题,由此激发孩子听的兴趣,鼓励他们进行回应

表 3-4 对 4~8 岁孩子的心智化及父母的应对策略

	心智化	如何促进孩子的心智化
4 岁	4 岁左右是孩子的"心智化毕业季"。此时,真正的心智化能力在早期心智化的基础上已几近发展完善了。当然,他们的心智化能力离完全发展成熟还有很大的距离,但是孩子已经开始能够理解人们的行为是建立在内心想法	孩子若想进入到"心智化毕业季",首先就需要一个安全且稳定的社会环境。若是没有一个安全的环境,也就是他人没有表示出对孩子及其心理状态的关注,那么孩子的心智化能力可能比较脆弱,容易中断

第3章 父母在孩子心智化成长之路上的角色定位

续前表

	心智化	如何促进孩子的心智化
4岁	的基础上，虽然偶尔也会出错。这个具体的毕业季不仅取决于心智化方面的先天遗传因素，还取决于他们与周围环境的互动情况 毕业意味着孩子： • 会有更多的共情行为 • 会有更多的谎言和欺骗，因为他意识到有些事他知道，而你并不知道 • 身体攻击行为会减少，因为他了解到如果他做了后果是什么，这有助于他控制自己的冲动 • 开始理解为什么会发生误会 • 与同龄孩子有更积极的交往关系 • 更喜欢与其他孩子而不是与父母一起玩	不仅父母在孩子心智化能力的发展过程中发挥着非常重要的作用，其他成人亦然 即使到了"心智化毕业季"，他们的能力也仍然没有发展到完善地步，有时候他们仍然会感到挫败。因此，父母就需要根据孩子的情况来调整自己的期望 即使该阶段的孩子出现了说谎与骗人的情况，但这仍然属于孩子健康成长的表现。当然，父母需要对此与孩子进行讨论，同时记得这是孩子健康发展的迹象 父母要帮助孩子将自己能够诱发出来的、存在于孩子心中的误解与冲突情绪表现出来 孩子新发展出的心智化能力能够通过与其他孩子的互动得以维持。这会促使孩子观察社交场合中的其他年长孩子的技能。这样一来，孩子就会意识到年长孩子对自己以及他人的内心有更好的理解，从而使得这些年长孩子在等级中有更高地位。这也是促进孩子提高自己技能的一个动机 你还可以在事情过后找时间与孩子谈谈发展方面的话题："你以前小时候是怎样的呢？"可以与孩子一起看看照片，鼓励他想象一下若在照片中的那个年龄会有什么感受
8岁	这一阶段的孩子已经形成了关于自己的认知，并且随着时间的推移自我形象越来越稳定。由此，自我的一致性才能形成。该阶段的孩子能够体验到人是可以影响社交环境的，能够理解到不管是自己还是他人的行为，全都是建立在内心的想法、情绪需求上	该阶段的孩子开始理解不管是自己还是他人的期望，都会影响人们对模糊情境的解读。对此，父母一定要记得去帮助他们将内心的冲突情绪与误会表达出来，而这些误解或冲突情绪可能是受你自己或他人的决定、行动或想法的影响才导致的

9～12岁孩子的引路者：帮助孩子学会如何与他人交往

就大多数孩子来说，该阶段是人生中相对平稳的一个发展阶段，处在这个阶段的孩子会学习各种新的技能，能够做很多事情。不过，孩子在这一阶段的主要发展主题是与自我评价和社会性比较有关的能力。

特别是女孩子，她们所遇到的许多冲突与挫败，其根源就在于这些能力。这可能是因为这些能力与该年龄段的女孩日常生活中所遇到的挑战有着密切关系。从进化论角度来说，女性要比男性更多地接触到村落或聚居地里的社会层级，而且她们要照顾孩子。要应付这些方面的挑战，就需要她们有能力对社会层级中的关系进行感知、理解与比较。

通俗点讲，女孩是先选择自己想要的玩伴，然后再决定玩什么。而男孩则完全相反，他们先决定要开展的活动，之后才选择要同谁一起玩。不管是男孩还是女孩，在本阶段都会探索与他人建立起密切的社会关系，并且他们都非常清楚在自己的玩乐当中要排除哪些人。正是通过这一形式，他们在锻炼自己的新能力。而作为成年人，我们通常都有一些关系密切的朋友，甚至一生也只有一个好友。因此，我们需要能够建立起健康的社会关系，需要能够在朋友之间建立起成熟、相互关心与相互尊重的交往边界。本阶段的孩子，会在自己与人相处的过程中尝试建立边界，而父母也需要与他们对此进行讨论，要告诉他们：应该如何从其他角度思考，他人会如何接收信息与解读信息，面对沟通要求时他人内心又会如何反应，以及在面对他人的拒绝时应该如何处理。

第3章　父母在孩子心智化成长之路上的角色定位

青春期前期的孩子还要面对他们身体上首次出现的生理变化，在异性与性的处理方面会产生出强烈的好奇心。

建议与可行策略

你要做一个能够心智化的大人，要能够从外部去看待你的孩子。这一阶段的很多冲突都是发生在父母之间，因此，身为父母的你所要做的重要工作就是在孩子与他人交往以及进行群体活动的时候，给他们引好路、指明方向。

表3-5　9～12岁儿童的发展特点及父母的应对策略

	发展特点	你该怎么做
情绪	该阶段儿童的主要社交特点是话语交流而非游戏。不过，他们只有完成了前阶段的情绪发展任务，否则难以与同龄小孩进行富有成效的沟通 10岁小孩已经越来越能对自己的情绪进行观察、体会与反思，并能够对情绪进行一定的自我控制 该阶段的小孩还能够利用他们对人的了解而控制别人。女孩子会表现得有点残酷，因为她们对如何使他人的情绪变得消极有着深入的认识 这一阶段的孩子在公共场合下不再会表现出失控的情绪爆发，但在家里这个安全的环境中仍然会有 在这一阶段，重要的是孩子要能	该阶段孩子已经能够对情绪进行讨论，你可以好好利用这点 这个阶段孩子可以在家庭之外控制情绪了，恭喜你。当然，你需要帮助孩子在家里也能够控制，如果他只靠自己做不到这点，那么你可以对他说："我知道你在学校的时候能够很好地控制情绪，现在你需要学习的就是在家里也这样做" 该阶段孩子需要感受到自己的努力在别人看来也会有价值。当孩子觉得自己能够掌握一项新的技能时，也就是努力有了回报，那么就会让他们产生基本的胜任感 如果孩子的努力没有成功，那么你要降低对他们的要求。在孩子的成长过程中，重要的是要让他们

续前表

	发展特点	你该怎么做
行为	够根据环境与要求去调整自己的行为，想要努力去获得他人给予的积极评价。 　　孩子想要成功，那就意味着他们会将注意力更长时间地集中在任务上。打个比方，孩子会希望自己在电脑游戏上升到更高的级别，或希望取得更好的学习成绩 　　当孩子体验到掌控、以及自己通过努力而达到目标时，就会让他们产生基本的胜任感。能够导致成功的行动会使孩子形成掌控感。同理，若没有导向成功，则会使之感到失败，让他们产生无能感，变得消极被动 　　这一阶段的孩子具有青春期前期的一切特点，但也可能会是一个相对平静的时期	体验到成功与掌控感
生理	该阶段孩子对自己身体已经有了较好的认识，能够对此进行掌控。他们的身体素质也通过运动或身体活动而不断获得改善 　　同时，他们开始了青春期发育，不过有的孩子会发育得更早一些，这要求其他方面也有相应的发展，比如情绪自我调控与社会关系 　　女孩子青春期发育的第一个身体体征是乳房发育，还有就是男孩与女孩都有的阴毛生长 　　女孩通常要比男孩早 1~2 年进入青春期。一般而言，女孩在本阶段末期都会出现月经初潮	由于该阶段孩子越来越对交友感兴趣，他们会失去对课外活动的兴趣。作为父母，比较好的做法就是鼓励他们继续坚持，但同时也需要对他们的现状保持接纳态度，要认识到这是一种正常现象，要放手让自己的孩子与其他同龄小孩进行交往 　　你可以和孩子聊聊你自己之前身体发育时的情况，聊聊你的第一次月经或梦遗时的感受，以及阴毛长出来和身体开始发育时的感受 　　你要确保自己为孩子的月经初潮做好了准备，要让孩子知道哪儿可以找到卫生巾和卫生护垫。你要让孩子觉得可以和你谈论身体发育和性方面的话题。身为父母，你可以为孩子提供这些方面的知识，并且你所提供的知识要比他们从网络上看到的更加确定。虽然

第3章 父母在孩子心智化成长之路上的角色定位

续前表

	发展特点	你该怎么做
生理		他们基本都是从网上去找这方面的知识，但他们自己从网络上所获取的这些信息也许是从不那么可靠的网页上找到的 　切记，不要越过孩子的界限，也不要对他们说教。这不是仅仅告诉他们"小鸟和蜜蜂"之类的性知识就好，还需要对性方面的话题进行一系列谈论，这会一直持续到他们进入青春期。你可以将网上一些符合孩子年龄的性知识给孩子看。如果孩子在网上看到理解不了的东西还会愿意告诉父母的话，那么这对孩子的发展是非常有利的 　可以同孩子聊聊在线性行为与色情作品——要告诉他们这并不是现实，告诉他们通常的情侣并不会这样，正常的身体也不是这样的 　对性方面的话题进行论证，你就把孩子的经历用语言表达了出来，而这会让他们感到不管他们遇到什么问题，都可以随时来找你
人际关系	此阶段的孩子已能够与他人进行社会比较，能够从外部来看待自己，而这会对他们的人际交往产生巨大的影响 　该阶段的孩子特别关注自己看起来怎样，非常喜欢与他人进行比较。他们会从外部角度来看待自己以及自己的家庭，会对自己成长的家庭以及家庭生活方式产生质疑，会以挑剔的眼光将自己家与其他家庭进行比较 　他们与同龄人在一起的时间会越来越多，而与大人在一起的时间则越来越少。他们不再看重整个团队，而是开始与别人建立亲密的友谊关系或形成较小的团体	该阶段的孩子已经具备了从外部视角来看待自己的能力。不过，对于如何设置边界以及判断什么样的关系才是健康的，他们还需要大量学习。对此你要支持并以心智化的方式与他们对此进行讨论 　你要知道，在人际交往中重要的是要能够设立边界，能够测试出如何做才会让交往双方都感到舒服 　你要能够接纳孩子还需要支持这一事实，要帮助他们建设性地运用新能力，由此使孩子在面对那些不愿与之交往的人时，也仍然能够以尊重的方式去对待，使他们学会如何以建设性的方式去平衡团队与团队中的小群体之间的关系

121

续前表

	发展特点	你该怎么做
人际关系	感觉自己被排斥是一件很痛苦的事情，他们通常所运用的心智化技能还没有到心智化的程度。这个阶段是少女唱主角的阶段。当然，等级对男孩子来说也很重要，比如千万不要看起来很"娘"。身为家长的你必须将这些事情处理好。你可以小小地测试一下他们的男儿气概，还可以与他们分享一下身体以及在竞争方面的经验	你要能够认识到，孩子对流行明星的第一次迷恋也可能是一种恋爱
自我	该阶段的孩子想体验到自己是一个具有胜任力和掌控感的人，而这会促进其"客体我"的发展，同时孩子也能体验到自己是一个积极、主动的"主体我" 他们开始建立起对自己的信心，这一信心的建立基础是他们对自己价值的直接评估，以及这些评估所带来的感受。他们内在精神世界的自我形象也变得越来越具体、细化 他们越来越看重人的内在品质，其中有很多品质是父母曾经用来形容过他的，或他的朋友、老师所重视的 这阶段的孩子会越来越明显地根据内部参照标准来了解自己。但他们在把自己界定得较为成熟、具有自主抉择感的时候，依据的却是外部参照标准，比如歌星、足球明星，或根据自己穿的特定品牌。他们会不断地尝试各种身份标记，由此，有可能他们今天将自己认同为某个乐队或某个牌子，但很可能在两个星期前他们认同的是另外的乐队或品牌 他们越来越能够从外部视角来看待自己以及评价自己，但同时他们也不断地挑剔自己	这一阶段的孩子开始探询自己到底是谁，不仅仅是根据父母或其他人所言。他们会根据自己的内在参照去判断自己到底是谁。对父母而言，最好的做法是对此进行尊重并给予支持，即使孩子骤然觉得某款名牌、乐队、衣服品牌或发型能够代表他而显得有点傻。通过对孩子的想法表达支持，父母就可以表明自己对孩子选择的尊重。另外，父母明确表达出自己的态度也是一种明智的做法 这一阶段的孩子对来自父母或其他孩子的负面评价特别敏感。如果有人不断地说他们很笨，说他们老是搞事或惹人厌烦，那么他们就可能将其内化，并表现出相应的行为

第3章 父母在孩子心智化成长之路上的角色定位

续前表

	发展特点	你该怎么做
注意与认知	孩子的注意力变得能够集中，具有可调整性与计划性。他们需要这些能力去应对学校的各种挑战性任务，因为在学校学习非常重要的一个特点就是需要专心。同时，他们还需要将自己的注意力分配到日常交往过程中的社会规范上，并做好平衡。 他们在学业上会不断地面临着越来越高的要求，会遇到越来越复杂的情境。 直到这一阶段的末期，大概11岁之后，他们开始具备抽象思维的能力，而这就使他们可以做出假设、能够用语言推理得出结论。这就意味着他们实际上能够只根据想法就能做出决定，而无须接触实物，比如事情是如何发展的、教育如何进行、还可以如何重新安排，等等	孩子在能够成功控制自己的注意力时，就大大地拓宽了他们的注意广度，也就是注意的范围。 为什么那些难以集中注意力的孩子或年轻人，却能在电脑游戏上长时间地保持注意力高度集中？这是一个不断被提及的问题。但这能否锻炼人的注意力呢？这并不在本书的讨论范围之内。不过，你对孩子这样说是完全合法的："你在玩电脑游戏时可以做到这点，那么你觉得在其他情况下也可以这样吗？"通过这种方式，你对孩子的掌控能力表达了认可，而这通常是对孩子注意力与专注力进行增强的坚实基础 当孩子打算听你说的时候，要为他们提供相应的知识。很快他们就会过了凡事询问你的年龄了 你要对孩子平时见到或书上看到的东西提一些开放性的问题。要给他们解释其中的意义。要积极主动地与他们讨论他们从书本上所看到的东西

表3-6 对9～12岁孩子的心智化及父母的应对策略

	心智化	如何促进孩子的心智化
9～12岁	该阶段孩子有了评价自己与进行社会比较的能力。他们能够从外部视角来看待自己，也能够在内心分析他人。 他们会认真选择自己的玩伴 他们认为自己、自己的父母，以及自己的家庭，都与别人不一样	这一阶段的孩子已经具备了心智化能力，那就意味着他们会特别关心自己与朋友之间的异同，身为父母的你若能够认识到这点，那是非常有好处的。如此一来，孩子就会将自己所看到的这些用语言说出来。这看起来似乎是恶作剧，但心智化的掌握在很多方面就与学

续前表

	心智化	如何促进孩子的心智化
9～12岁		自行车一样需要练习。不过，一旦你学会了，你就再也不会忘记了，用的时候也不用动脑去想了 面对这一阶段的孩子，你最好是耐心倾听，然后认真指导他们以更细微的方式去看待自己与他人。要帮助孩子以积极的方式去设置边界。 　要与孩子讨论为什么家庭各有不同，其他的家庭结构与家庭生活方式有什么优势，以及为什么人们会受到自己生活方式的影响。要与其讨论他对自己的生活、爱好以及自己家庭中的哪些方面感到自豪 　你要保持开放的心态，要对孩子体验不同的生活方式保持兴趣，或为什么他会觉得父母让他感到尴尬

13～18岁青少年的人生教练：建立成人对成人式的亲子关系

青少年时期是人生中的一个重要发展阶段，他们的生理和心理都不可避免地会出现迅猛发展，由此对前述的六个发展领域都会产生巨大影响。通过这种方式，他们为进入成年生活做好了准备，已经能够做出理性、心智化的系统性决策。你可以将这个时期看作个体在人生中必然会经历的，不断测试自己边界以及探索未知世界而形成连贯一致自我的阶段。身为父母，你有时候会非常希望这个阶段过得越快越好，但身为成年人，你会对这一重要发展阶段的青少年产生巨大的影响。

第3章 父母在孩子心智化成长之路上的角色定位

从许多方面来讲，这个阶段都是你帮助孩子成长的宝贵机会，你可以帮助孩子抛弃掉那些不当的策略，而学习一些新的策略，因为此时他们的大脑正处在早期所形成的神经突触连接消亡，而新的突触连接变得越来越强大、越来越具有专门功能的时候。当身为父母的你为了自家处于青春期的孩子而烦躁时，你一定要牢记自己孩子的行为恰好表明了他们身上正在出现一些积极的变化，比如他们可能是在尝试建立新的人际关系、寻找新的朋友，或活力在增强，正在进行创造性的探索。

在青少年时期，大脑的大部分区域都在发展、重组，尤其是大脑中那些负责换位思考、理性决策和心智化的区域。正是因为大脑的这种重组，大脑之中那些负责本能与情绪功能的脑部区域要比负责理性与思维的区域更占优势地位。这也是青少年特别容易出现激烈情绪，并难以对此进行控制的原因。而在理解他人情绪的时候，他们要么特别善解人意，要么一点都不理解别人，总是在这两个极端上摇摆。这也是为什么他们身上容易出现极度冲动或追求感官刺激行为。至于他们的情绪激动与变化会到什么程度，取决于遗传因素与环境因素的复杂相互作用，当然，并不是所有的青少年都是情绪冲动与多变的。

建议与可行策略

你要尽可能地让自己处于心智化状态。为此，你可以和那些能帮你保持心智化状态的人多聊聊。所以，你需要多回想一下自己在青春期时的情绪是多么强烈——那是一个混杂了孤独、迷惘、缺乏安全感却又觉得开心、被爱等感受的时期，简直就像是打翻了五味瓶。

具体范例

南希已经15岁了，她认为父母做事一点都不公平，因为他们不让她去音乐节。她不仅找了妈妈，也找了爸爸，说了很多理由，后来还非常生气，说他们简直就是想将她像那个长发公主那样关在家里。最后，她给妈妈发短信说："看到自己的妈妈一点都听不进去，我真的很伤心，觉得心里空荡荡的。你应该给我一定的空间去成长，与朋友在一起，因为你要知道，朋友就是我的一切。这就是为什么说我为了不被大家排斥而什么都愿意去做。我真的不知道问题到底出在哪儿，去参加一个音乐会并没有什么危险。"

表 3-7　13～18岁青少年的发展特点及父母的应对策略

	发展特点	你该怎么做
情绪	青春期少年会把情绪放在具体的情景当中去考虑，并且能够理解自身以及他人身上的复杂情绪。他们控制情绪的能力也有了提升，不过，由于这一阶段刚刚发展起来的抽象思维能力水平不高，这一能力也会受到影响。这一阶段的孩子变得更复杂、更让人难以理解了。这也是为什么身为家长的你会觉得自家孩子有时表现得	在这个阶段，只要是你所具有的、能够支持孩子情绪发展的策略，都应该使用起来，但是对于这些开始脱离父母羽翼、疏远父母的青少年，你需要保持爱心与尊重 如果孩子不愿与你接触、在家的时候脾气暴躁，你需要特别注意一下他们是不是在生活中的哪些方面存在压力。这并不是说

第3章 父母在孩子心智化成长之路上的角色定位

续前表

	发展特点	你该怎么做
情绪	极为成熟、善于反思，既了解他们自己，也能理解他人的情绪，但有时他们又表现得不能理解这个复杂的世界，在需要控制情绪的时候表现得极不成熟，像个小孩子一样："为什么非洲人吃都吃不饱，还要生那么多孩子呢？他们应该别再生了。" 青少年的情绪经常发生变化、难以预测，并且非常敏感。他们不仅会体验到各种强烈的情绪，还经常会让自己表现出来。他们的情绪容易走极端，比如愤怒、嫉妒、冷漠等。 该阶段的青少年必须脱离父母的羽翼，而这是一个艰难的过程。对有些人来说，这一过程可能会伴有强烈的情绪——对父母的爱会急速地转为痛恨	要原谅他们的行为，而是要用心智化的方式去更好地处理。 千万别低估你自身情绪的重要性。孩子的情绪波动以及他们那些无法预估、极为冒险的行为，都会给你造成情绪上的负担。如果你家的青少年将他们的烦恼和消极情绪发泄在你身上，这并不好受
行为	如果你的孩子处于青少年阶段，那么你会常常看到他们控制不了自己的情绪。由于该阶段的他们已经具备了心智化能力，整个世界貌似更复杂了，甚至有时令人不知所措。为了更好地理解这个复杂的世界，他们常常会将这种复杂性简单化。这在他们的行为当中表现得特别明显，比如盲目地在网上冲浪，在电脑游戏中分辨善恶，在真人秀节目和浪漫故事中寻求单纯，虽然它们表达的感情简单而刺激。 用通俗的话来说，青少年的大脑已经感到厌烦了。由此，他们可能会表现出较多的冒险行为。冒险行为能够带来奖励的效果，因为这会使大脑释放诸如肾上腺素、多巴胺之类的神经递质。这也是该阶段个体之所以会有冒险行为的原因。冒险行为会有许多表现形式，比如在商店偷东西、喝酒狂欢、尝试毒品、发生性行为、轻度犯罪，以及诸如	青少年需要大人给他们设置一定的界限，并且对这些界限进行心智化。不过，你需要在严格与混乱之间找到一个良好的平衡点（见第2章）。给孩子设置明确的基本规则是个好办法，比如你们之间要如何交流，你希望他们最晚什么时候回家，最多可以喝多少酒，需要承担什么家务 在设置界限的时候，开头语最好别用"不要……"这一句式，因为用这种句子进行开头的表述方式没有鼓励作用只会带来负面效果。相反，用"很不错……"进行开头就更好一些，有更积极的鼓励效果，比如，"很不错，你没有把朋友留在聚会上，自己却走了。朋友之间就应该相互照顾一起离开。" 如果你的孩子会做一些危险行为，那么你最好帮助他们找到另外一些事情去满足追寻刺激与

续前表

	发展特点	你该怎么做
行为	爬火车这类的危险行为和在网上分享不适宜图片与评论的破坏式行为 研究表明,青少年的冒险行为与当时在场的人数成正比,也就是某一时刻房间中的青少年越多、那么就会有越多的冒险行为发生	兴奋的需要。比如,如果你家孩子喜欢飚车,那就让孩子带着朋友把车开到卡丁车赛道上去玩
生理	在青少年时期,人们的生理会有非常大的转变。首先,孩子的个子会出现显著的变化。在性方面,也进入了成熟期,身体在这一阶段会有快速的发育与成长。原本中性的世界突然之间呈现色彩斑斓的性的色彩 要接受这样一个新的躯体,可以说是一大挑战,也确实有很多年轻人对自己的身体不满意。社交媒体所展现的理想身材,让越来越多的青少年对自己的身体形象产生负面评价 由于荷尔蒙的变化,年轻人对性的好奇心也日益增强,由此他们中的大多数人会在本阶段发生性行为。 不过,他们的首次性体验会受到当前各种信息的挑战,可能不会那么美好,因为现在网络上的各种信息让年轻人对性有了不切实际的看法。如果将网络上的各种信息看作现实的常态,那么就很容易导致他们对自己在性方面的表现产生焦虑,让他们产生自卑感 荷尔蒙的变化还会影响到青少年的昼夜作息节律。他们需要更多的睡眠,且常常作息不规律,很晚才睡觉,又很晚才起床	该阶段青少年面临的一个重大挑战就是他们在身体上和生理上会出现巨大的变化。在出现这些变化的时候,遇到事情他们也不再如同以往那样去寻找父母的支持与帮助 对父母来说,要与这一阶段的子女良好相处是一个高难度的平衡动作。一方面,这些孩子需要各种支持以便帮助他们正常看待自己身体上出现的各种变化,比如出现月经、手淫、射精,身体长高了、身上长了体毛、脸上出现了青春痘,尤其是性冲动的萌芽;但另一方面,他们又难以忍受父母介入与他们"新"身体有关的事务中去 身为父母的你,一定要牢牢记住你自己以前在青春期时有什么感受,然后小心地让自己成为能够给孩子提供支持的灯塔,也就是能够对孩子进行心智化,提供他们所需要的信息与知识,并且好好尊重他们的个人界限 如果你的孩子有事不和你而是和其他成年人说,那你也应该坦然的接受这一事实。其他的成年人可能是继父继母、足球教练、老师,甚至是你孩子朋友的父母。这时你可能会有失落感,觉得自己不再是孩子寻求支持与安慰的第一选择,但这也是人成长中的自然现象。所以,你要好好地接受这种情况

第3章 父母在孩子心智化成长之路上的角色定位

续前表

发展特点	你该怎么做
人际关系	这一时期，青少年与同龄人在一起的时间要远远多于与成年人在一起的时间。这是非常正常的青少年慢慢独立的过程，他们由依赖成人慢慢地转变为依赖同辈，从而最终走向独立、依靠自己。 如果自己被群体所排斥的话，那么青少年对此会极度敏感。为了成为群体中的一分子，他们常常会放弃自己的价值观、对家庭与朋友的信任以及对真理的坚持，但就适应而言这又是极其重要的 在青少年看来，通常只有朋友之间的交往才能促进他们的成长与发展。朋友就是一切。但实际上，父母参与其中对他们的积极发展也有着非常重要的作用，父母有能力给孩子设置一定的边界，还能够给孩子提供支持与心智化 忍受孩子追寻自由的过程是一件很困难的事，因为在这一过程中他们常常会在距离与亲密之间来回波动："我自己什么都能做，别管我！""为什么你不能永远在我身边？" 在孩子脱离人生第一段社会关系——脱离与父母的关系的时候，亲子之间出现分歧、令人难堪的处境以及由此而来的评判与疏远，也是非常正常的	如果父母把自己当成孩子的灯塔，让孩子感到需要时可以随时得到父母的支持与帮助，那么这些孩子就会有安全感。虽然青春期的孩子这艘小船会离家远航，但有时候他们也会需要你：需要能够自我控制、负责任、心智化的父母 青少年在这一阶段与他人的关系如何，对他们的发展有着极为深远的影响。身为父母的你，要支持孩子去体验各种不同的社交关系，即使是你不赞同的对青少年子女的社交活动也要进行支持。你可以帮助孩子在家开聚会，也可以开车接送孩子去参加社交活动。如果你的孩子遭到霸凌或被人孤立，那么你一定要认真对待 初恋的感情是极为炽热的，同理，第一次失恋的打击可能也极为沉重。青春期少男少女和成年人不同，他们没有那种再次恋爱的体验。此外，与朋友友情的破裂也会对他们产生强烈的冲击 即使最坚强的父母，被子女拒绝后也会感到难以承受。身为父母的你需要认识到，这是人们成长过程中的自然现象 如果你与某个人的关系非常密切，那么中止这段关系就需要付出很大的能量；父母与子女之间若想建立起新的、成熟的"成人对成人"式的亲子关系，同样如此。为了更好地度过这一阶段，比较好的一个做法是在你不开心或想倾诉的时候，可以去找你的朋友谈谈，从而让自己恢复常态，由此你才能在孩子面临人际关系问题的时候、继续担任他们的行为榜样。即使又发生冲突，也是如此

续前表

	发展特点	你该怎么做
自我	进入青少年阶段后，孩子开始有自己的内心世界，成人并不在这一世界当中。比如他们对朋友内心世界的相关了解与迷恋 身份认同是这一阶段发展过程中的重要主题，青少年会通过各种方式去尝试探寻"我是谁"这一问题，比如音乐、态度、选择穿什么衣服或不穿什么衣服，等等 青少年的自我觉察与自我反省能力也越来越强，他们的自我也变得更为稳定、连贯和一致，不再是建立在依赖父母或朋友的基础上："我是个聪明的人。我是个好人。我喜欢跳舞。我不是一个很优秀的人，从来就不是第一选择。"等。这种"我是谁"的自我感的核心在青春期后期就基本固定下来了。在整个青少年阶段，他们会把自己看作一个随着时间推移而始终存在的统一体："从根本上来看，今天的我与昨天的我是一样的。" 在青春期的后期，有些青年人可能会对自己在整个青少年时期所经历的各种转变进行深入剖析，从而需要一些时间去思考他们的自我到底是什么	为了促进这一阶段孩子的自我发展，父母最好的做法是要让自己在面对孩子成长为大人这一过程中表现出开明、权衡、共情，有好奇心以及耐心，即使在孩子表现出了你所不了解的另一面，也当如此 当孩子表现得退缩或外向，发生性行为或与父母不认同的人来往时，这可能会与父母的价值观相冲突 如果你很难看到自家青春期孩子身上的积极一面，那么以欣赏的眼光将孩子那些偶然的不适宜行为看作创造性和对生活激情的反映，也是有一定帮助的 你要帮助孩子认识到他们自己身上的能力与优点，当然，这首先需要你自己就觉察到这些优点。因此，在你觉得自己快要感觉不到自家孩子优点的时候，就赶快用笔把他们的优点与能力记下来 如果你家孩子表现得貌似不再朝前发展、好像停滞的样子，那么你要给予特别重视。因为在青少年阶段会出现很多心理问题。不过，成长过程中出现偶尔的停滞以便对自我进行巩固与增强，这也是完全正常的情况
注意与认知	青少年的系统组织能力、计划能力以及全局观察能力都有了进步。他们还能用以往所无法使用的方式去理解概念以及那些抽象的观点与理论。其认知复杂度的提升也就意味着他们必须整合自己与他人的情绪、动机等众多极为难懂的概念与想法 令那些家有青少年的父母无法理解的是，这些孩子一方面认知能力得到了极大发展，而另一方面在进	在注意与认知方面，父母也可以引导青春期孩子的注意朝向特定的方向发展，不过要讲究技巧，并且还需要秉持尊重的态度。如此一来，你也能给孩子认知的发展提供帮助与支持 在你辅导孩子做作业的时候，一定要秉持尊重的态度。一定要记住让自己表现出自我控制、负责任和心智化。确保让青春期孩子体验到成功的感受。青少年需

第3章 父母在孩子心智化成长之路上的角色定位

续前表

	发展特点	你该怎么做
注意与认知	行判断与决策的时候，这些青少年所做的决策又常常是去做那些危险行为而没有考虑消极后果 青少年的大脑遵循的是"用进废退"原则。也就是说，那些经常使用的能力会得到提升，更能得到专门性的发展，而那些不使用的能力则或多或少会消退	要的是独立感，以及觉得自己很重要 你在辅导孩子作业时，一定要让手头的任务变得可操作化。比如，若孩子落后了好几个科目，那么可以将任务分解得可操作："我们先做20分钟的方程题。" 你要帮助孩子认识到重视学业的重要性，但也要记住青春期孩子不是只有注意与认知的生物。你要在其中找到平衡点，要承认青春期孩子其他更复杂的方面 大部分青少年都害怕自己成为一个局外人，这会促使他们去努力做好 你要留心青春期孩子说过的激励自己的话语，然后重复出来就好："你说过希望期中考试考得好点，想要更加努力学习的。"

表3-8 对13～18岁孩子的心智化及父母的应对策略

心智化	如何促进孩子的心智化
在整个青少年阶段，人们的心智化能力获得了充分发展和提升。青少年理解自己与他人的能力也得到了进一步改进，与心理状态有关的语言同样有了大幅度的增长 如果你把孩子看作航行在大海中的一艘小船，那么年纪很小的孩子就只能看见他们自己这只小船、灯塔和另外一艘船只。但到了青少年阶段则出现了巨大转变，他们能够从所有小船上看到灯塔散发出的灯光，不过，他们也容易因世界的错综复杂而茫然失措。这可能也是青少年经常出现情绪起伏以及心智化失败的原因。由于这项能力对青少年来说还是新近获得的，	父母对青春期孩子的心智化能力如何，在青少年子女心智化发展的过程中极为重要。心智化能力的发展贯穿人的一生，即使心智化能力看似获得了充分发展的人，其心智化能力也可能会出现上下波动。因此，对年轻人的心智化水平，你不能给予他们和成人一样的期望。处于这一阶段的青少年，需要的是那些能够对他们的心智化能力发展过程给予耐心、同情与支持的成年人 成人自己的心智化状态是否透明也很重要，尤其在非常生气或恐惧时。如此一来，父母就可以帮助青少年子女更好地理解他人，再加上他们不仅

131

续前表

心智化	如何促进孩子的心智化
所以他们花在心智化上的精力要比成年人多得多。青少年的抽象思维能力有了很大提升，对内部心理状态的认识与理解也就更为抽象，这会给他们的心理增加很大负担，导致他们出现心智化失败、回避社交，使他们可能因内心冲突而做出某些行为 在青春期，父母在青少年子女心目中的形象也有了巨大的转变。他们对父母会更加挑剔，但同时更贴近现实并细微复杂。原本无所不能的好爸爸形象也被更复杂细致的父亲形象所替代	仅通过身体动作或躯体症状（如头疼、胃痛）而是通过各种方式去掌控自身的心理状态，从而使自己成为孩子的榜样 青少年孩子如何应对认知能力和心智化能力在发展过程中所遇到的挑战，不仅取决于他们自身的心理发展水平，同时还取决于在他们的心智化能力不足时父母和身边人员对他们的支持程度 还有一点非常重要，那就是你能否将青少年子女当作独立的个体来看待，是否能够理解他们与你的关系是在极度亲近和疏远之间不断变换。尽管这很困难，但你也要够忍受孩子没有发展成你理想中的样子 身为父母的你还需要了解，如果孩子感到羞愧或其他孩子对他疏远，那么这可能会影响到他们心理自我的发展

父母挑战的应对之策

孩子在成长过程中所面对的挑战与要求必须符合其所处的发展阶段。否则，就如同用高中课程去要求幼儿园小朋友那样，此时不管是孩子还是父母，都容易感到自身能力不足、产生挫败感。

有些孩子会在生活中遇到一些特殊的挑战或经历，这意味着他们会将精力花在与其发展无关的事情上。除此之外，不同时期孩子也可能会展现出不同的发展水平。比如，一个一岁的孩子在疲累的时候，对情绪的控制能力肯定就比不上休息好的时候。青少年在学校音乐课上所展现的社交技能肯定要比在家时展现得更多，在家时，他们以一种适宜的方式与母亲互动就好。你可以将这种孩子看作一

第3章 父母在孩子心智化成长之路上的角色定位

个发展中的活动式个体。

身为父母，在孩子面临以下几个方面挑战时必须要考虑到孩子的发展水平：情绪、社会关系、自我、注意与认知。如果你觉得孩子的发展没有处在你所期望的方向上，那么你应该想办法去调整自己的期望水平。你的期望不应该是建立在孩子的生理年龄上（即根据他们的出生日期所计算的年龄），而应该建立在他们当前所处的发展水平上。

建议与可行策略

如果身为父母的你对孩子有超出其发展水平的期望，那么孩子就无法充分利用那些来自你们的、能够促进其发展的人际互动。

具体范例

艾拉患有先天性心脏病，一岁那一年做过好几次手术，差点就挺不过来，这让她父母这一年经常处于焦虑、担心之中，生活也一片混乱。艾拉是在挣扎求生，她父母同样如此。幸运的是，事情有了转机，她五岁的时候身体恢复了健康。

但由于生病，艾拉无缘拥有那个她所需要的、能够促进其发展的人际互动。幼儿园老师也难以理解艾拉的幼稚行为，因为父母教育艾拉要表现出符合自己年龄的行为。艾拉有着良好的餐桌礼仪，也对适合其年龄的社交行为规范有所了解，但是一到与其他小朋友玩的时候，她的表现就像个婴儿了。她不知

> 道什么叫轮流，不懂也不会表达自己的情绪，只要她觉得不公平，就会打人和踢人。
>
> 如果幼儿园老师了解到艾拉在社交、情绪和心智化方面还处在最基本的水平上，那么这对他们的工作将会很有帮助。即使艾拉在其他方面的发展已经达到了其年龄水平，但是在以上几个方面还需要把她当作更小的孩子那样去对待。

将孩子的发展年龄按照以下七个方面写在他们的实际年龄旁边。不过你要记住，本模型的目的是希望你把这个模型当作自己反省的方法，而非当作发展水平的测量。

- 情绪

有能力对情绪进行识别、分类、表达与控制，也了解情绪的复杂性。还能够识别出他人的情绪。

- 行为

行为与年龄相符合，比如懂得餐桌礼仪，能够坐着不动，知道怎样同别人打招呼，以及在家庭以外的地方应该如何表现。

- 生理发展

能够感觉到冷热，有符合其年龄的运动能力，知道什么时候饿了或吃饱了，有能力让自己的身体保持在平静的状态下。

- 人际关系

与他人建立起了密切、积极的关系，这其中包括父母、朋友、宠物、邻居，以及家庭中的其他成员或其他人。能够与同龄人建立平等的关系。拥有符合其年龄的社交技能，比如知道什么是轮流，知道自己是社会阶层中的一部分。

- 自我

对"客体我"有着连贯、一致的感受。因乐观地看待自己从而有了高水平的自尊。能够体验到积极能动的"主体我"感受——自信,相信自己能够让世界变得更好,相信可以实现自己的目标,这其中包括自己的行动和行为能够获得别人的认可,以及这些行为能够被社会认可。

- 注意与认知

拥有与年龄相称的、在不同环境中保持精神和注意力集中的能力。认知能力符合其年龄。在课堂上能集中注意力,知道一些常识性的知识,比如总统是谁。

- 心智化

理解自己与他人的能力是以自己的心理状态为基础的。

- 0～3岁的婴儿需要采用心智化的方式去对待。他们所拥有的仅仅是对自己进行心智化的种子。
- 4～8岁的幼儿处在心智化的初级阶段。
- 9～12岁的儿童发展出了社会比较的能力,有评价自己或他人的能力,当然他们也有可能会滥用这一能力。
- 13～18岁的青少年将心智化能力发展到了更高水平,但他们也经常体验到心智化失败。

第4章

把情绪当罗盘,为孩子的成长定好航线

在上一章我们介绍了父母如何支持孩子发展的方法。在本章中,我们将深入阐述行为与情绪这两方面的发展。通常来说,父母特别关注怎样去管控孩子的行为;当然,情绪对孩子来说也同样重要,因为我们必须首先了解情绪,然后才能进行心智化,做出个人选择、进行合作,以及适应不断变化的环境。

心智化工具箱为你提供了一些具体方法以帮助你更好地养育孩子,并且介绍了一些在支持孩子情绪发展的同时能最有效地促进孩子养成良好行为的方式。你将会发现,情绪与行为这两个方面的发展是如何紧密联结在一起的。

良好行为或适宜行为的发展不仅对孩子很重要,对父母来说也同样重要,因为若想营造出每个人都能健康发展的环境,这是不可或缺的一部分。在面对行为的时候,重要的是不仅要认识到孩子的发展水平,还要考虑到那些不适宜行为的出现是不是因为另外一个领域能力发展的不足。如果是这样的话,除非是其他能力也获得了发展,否则是无法习得适宜的良好行为的。打个比方说,除非你与孩子一起练习情绪的自我控制,否则是不大可能减少孩子情绪失控的频率的。

总而言之,对自己和他人的情绪进行识别、理解乃至控制,才能为个体掌握如何行事营造出一个良好的环境。你需要为自己的行为设定好航线,然后将你自己的情绪当作罗盘,从而才能帮你在这个世界中找到航向。为此,本章详细介绍了一些方法,以便你具体了解如何才能最有效地支持孩子的情绪发展。说得再简单点就是:情绪是通向心智化的康庄大道。这些具体方法与儿童对情绪进行识别、分类、表达和控制的能力发展有关。孩子需要的父母是那种能够认识到情绪具有重要作用，并由此更好理解自身情绪的父母。也就是说，他们具有情绪觉察能力、并且能够把消极情绪看作对孩子进行教育的重要机会。

识别、理解和控制好孩子情绪的有用工具

本章的工具箱介绍了采用哪些方式才能对孩子的行为进行最佳管控。这些方法是以人类大脑研究以及儿童如何学习新行为的研究为基础的。简单来说，人类的右脑富有创造性，主要负责情绪、图像与物体的空间关系，而左脑富有逻辑性，主要负责言语和逻辑推理。儿童若想成为一个全面发展、机能健全的个体，就需要左右脑的共同协作。能够认识到这一点的父母，才有机会营造出一个有助于孩子整合左右脑优势的良好学习环境。

建议与可行策略

身为父母的你需要认识到，孩子的不良行为常常是他们在其他领域没有得到良好发展的反映，比如情绪。此外，你还需要特别注意，与家人共度美好时光的关键，不在于方法或工具箱中的某个技术，而在于人与人之间的互动。这里的工具箱只是一个比喻，用来说明在遇到与孩子有关的问题时，你需要牢牢记住的各种方法。

> **具体范例**
>
> 路易斯今年四岁,他两岁的表弟奥斯卡到他家来玩几天。第二天早上奥斯卡醒来的时候一直哭闹着想他妈妈。为了安抚奥斯卡,路易斯的妈妈让他俩玩一个有很多玩具鱼的游戏。路易斯在妈妈离开的短短一会儿就将游戏中的玩具鱼都拿走了。奥斯卡说"你不能这样",就开始哭喊起来。路易斯妈妈想:"也许路易斯是嫉妒了,觉得奥斯卡得到了太多关注。我需要教他对小弟弟好一点。"她首先进行了自我调节,然后对孩子进行了调控。她用双手环抱着路易斯说:"我知道你不喜欢妈妈这样关注奥斯卡(右侧大脑),但他还是一个小孩子,比你要小,而且他很想他妈妈,所以他很想玩里面的鱼(左侧大脑)。"于是路易斯将玩具鱼拿了回来,他妈妈心想:"现在我用不着工具箱里面的压箱底手段了。"

工具箱包括以下几个方面:

- 通过立规矩和不断重复营造良好的学习环境;
- 学会自我调节,做到情绪稳定;
- 面对孩子的强烈情绪时,什么方法最管用;
- 对待孩子,心平气和比讲道理更管用;
- 父母态度坚定,行为可靠,孩子更有安全感;
- 与孩子发生冲突时,你的压箱底绝招。

第4章 把情绪当罗盘，为孩子的成长定好航线

通过立规矩和不断重复营造良好的学习环境

我们强烈建议，在你打开工具箱之前，先思考一下如何为孩子营造出一个良好的学习环境。行为调控指的是把那些孩子还不知道的方法教给他们。当父母看到孩子表现出不好的行为时，如果从下面这个角度去考虑一下可能会有帮助："孩子这样做是因为少学了什么呢？"然后父母需要告诉孩子："这个你还没学，不过你一定能学会的。"

父母还需要认识到，如果孩子感到某个行为很重要的话，这时对孩子进行教育就容易得多。为了促进孩子的学习，父母必须对孩子进行心智化，必须明确表达出对孩子行为的兴趣。此外，父母必须认识到孩子当前的发展水平。孩子的学习能力是与生俱来的，所以，一旦你处理得妥当，通常来说孩子就会乐于学习。在学习的时候，事先有所准备会更好一些，不管是大事还是小事都是如此，如"五分钟后，你必须关了iPad""从周一开始，你必须自己骑自行车去上学了"。

在学习的时候，重复与惯例是必不可少的。通过重复，你会越做越好。而惯例会给你一种"在家我就是这么做的"感觉，比如几点睡觉、睡觉前的习惯或吃饭时在餐桌上的规矩，等等。当然，还有一点很重要，那就是不要太刻板僵化，这些规矩需要根据孩子的发展水平以及家庭情况进行灵活调整。但如果没有惯例，日常生活就会变得一团糟，这样对所有人都没有好处。

建议与可行策略

当你希望孩子学习的时候,要把它放在优先级。如果你觉得有什么是孩子需要学习的重要知识,就要给孩子发出明确的信号,比如走到孩子身边,然后将自己与孩子的注意力都集中到所需学习的事情上。

具体范例

阿曼达已经九岁了,从暑假一开始她的喉咙就开始疼,为了寻求父母安慰,她就和她的父母睡在一起。不过现在开学了,她父母希望阿曼达能回到自己的床上去睡。他们首先告诉阿曼达,说她需要学习一些她目前还没有能力做的事情。如果床上没有那么多人的话,大家都会睡得好一些。在阿曼达回到自己床上睡觉的时候,会问问她有没有什么觉得害怕的事情。但令人惊讶的是,一切都那么顺利。她爸爸帮阿曼达掖好被子,因为他善于让事情简单化,自此之后,阿曼达就回到她自己的床上睡觉了。

你该怎么做

- 心智化。
- 问问自己:
    - 孩子需要学什么?

- 学这个对孩子有用吗？
- 孩子达到了学习这一任务的发展水平吗？

• 准备。

• 重复（规则与惯例）。

• 把学习置于首位。

学会自我调节，做到情绪稳定

学会进行自我调节是贯穿人一生的任务。花费时间和精力去自我控制，听起来貌似不那么明智，但是如果一个成年人能够进行良好的自我控制并且情绪稳定的话，体验到的冲突就会更少，学习的机会也会更多。

当事情发展到关键点的时候，对自己进行心智化是一个很好的做法，也就是对自己的情绪、需求与目标进行觉察。但这时你若对孩子进行心智化，却未必是一个好主意，因为这会让你从消极方面来猜测孩子的内心："他就是为了坏我的好事。""他就像他父亲一样。""她在利用我。"

有不同的方法可以帮助你进行自我调节，但这要因人因时而异。例如，在大家心情平静的时候，你可以给孩子解释一下自己那么做的原因："妈妈心情不好的时候一个人去了厨房。妈妈那么做并不是不要你了，而是为了让自己平静下来。"如此一来，孩子就能够学习到大人有时候也需要一些方法来帮助他们处理强烈的情绪。

建议与可行策略

你要特别留心的是在进行自我调节的时候,哪些策略的效果最好。很可能你会发现,对你最有效的调节策略也许并不在我们建议的清单之内。你需要把那些能够帮助你的策略都写下来,然后都尝试一下,直到找出最适宜的策略为止。

具体范例

有位爸爸刚从课后托管中心接了他的两个儿子,走在回家的路上。突然,他八岁的儿子奥利一屁股就坐在人行道上不动了,说自己不想走了;而坐在婴儿手推车里的两岁的杰克,大叫着说自己很冷。这时,手推车中的一个购物袋就快掉到地上了,而另外一个购物袋则紧紧地勒着他的手。这位父亲感到自己快要气炸了。看着奥利穿着冬天的防雪服在地上爬来爬去,他心中很想狠狠地踢他一脚。

他提醒自己要用最喜欢的方法来自我调节,这个方法与工作记忆有关,通常来说很有用。他在朦胧的暮色中朝四周看了看,心中想着从自己所在位置看出去能够看到多少绿化丛植物,同时在头脑中思考"如果我将绿化植物乘以旁边房屋的数量,那么总共有多少绿化丛呢?"慢慢地,他感到自己逐渐平复了下来,呼吸也变得更平稳了。在这里,这位父亲就运用了工具箱:跳出当下,从外部对所面临的情景进行审视。

第 4 章　把情绪当罗盘，为孩子的成长定好航线

你该怎么做

- 采用"建设性思维"："我应付得了。""我是一个好父母。""如果我自己能保持平静，那么也能让孩子平静下来。"
- 充分利用工作记忆："从 10 到 1 进行倒数。""在心中默默说出 10 个词语"。
- 充分利用身体动作，有意识地让自己笑起来，由此给大脑发送一些积极信号。比如走起来和跳起来，都可以释放身体的愤怒。鼓励孩子与你一起做出这些动作："我们围着房子溜达一下吧，顺便聊聊。"
- 休息一小会儿，把事先放下：喝杯水或聆听自己的呼吸声
- 喝水
- 走到门外去，享受下大自然
- 与另外一个具备心智化能力的成年人聊聊
- 使用你自己的调节策略

面对孩子的强烈情绪时，什么方法最管用

若想对学习保持开放的心态，那么父母与孩子都需要进行一定的调控，都需要待在他们各自的容纳之窗范围内。若孩子表现出强烈的情绪，那么此时最好的做法就是分散孩子的注意力。这也是本书所提到的、每个家长都知道的最为古老的小花招。比如，在你逛商场的时候，你那三岁的孩子躺在地上大声叫喊着说："我要棒棒糖！"然后你可以回应说："哇哦，那边的玩具熊好可爱哦。"调控孩子情绪的另外一种方法是幽默。在你们一起大笑的

时候，其实你们就是从情绪罗盘上的一种情绪跨越到了另一种情绪上。

根据镜像神经元理论（参见前言），如果在体验到强烈情绪的时候，成人能与孩子进行目光接触，那么他们的情绪强度就会变得更激烈。眼神接触的双方会觉得这是一场权力斗争或觉得这场谈判尚未结束。因此，在面对强烈情绪的时候，你应该避免眼神接触，或将你的目光稍稍放低，置于水平线之下。你可以坐在床上或地板上，利用你的肢体语言向孩子传达出你并不想与之争执的意思，以及对孩子的支持，让他们安心。后面我们对如何进行情绪调控提出了更多的建议。

建议与可行策略

在你和孩子都比较冷静的时候，你可以和孩子谈谈面对强烈情绪时什么做法最能提供支持与帮助。

具体范例

在一个夏日的午后，六岁的维克托陪着妈妈和她的朋友正在阳光下休息。当他正在儿童沙坑中玩耍的时候，突然听到外面雪糕车播放的音乐声，于是他大声叫道："我要吃冰激凌！"维克托还很难对他自己的情绪进行调控，他妈妈心想："维克托现在需要学习的就是他不能想要什么就得到什么。"虽然她

第4章 把情绪当罗盘,为孩子的成长定好航线

> 很想继续与朋友聊天,但是她仍然将注意力转向了维克托,说道:"我知道,外面雪糕车的声音让你很想吃冰激凌,但你今天已经吃了蛋糕,所以就不买冰激凌了。"她蹲下身子,以使她的身子与孩子处在同一水平线上,并轻轻地将手放在维克托的胳膊上。维克托甩开了她的手,然后使劲地拍打着她的胳膊,抓过他妈妈朋友盘中的餐巾纸使劲扔在地上,叫喊着:"我要吃冰激凌,要冰激凌、冰激凌!"他妈妈继续说道:"哇哦,你在沙坑中做什么了?我打赌我要比你更快到达那儿!"维克托急忙冲向沙坑,然后他妈妈跟在他后面跑了过去。幸运的是,在随后的几分钟没再听到雪糕车播放的音乐。

你该怎么做

- 运用分散注意力策略。
- 运用幽默策略,但千万不要嘲笑孩子,而是要陪着孩子一起笑
- 避免目光接触,这会加剧情绪强度
- 视线放低、目光朝下,这有助于调控情绪
- 给孩子惊喜——解决好冲突,让孩子获得新的、积极的体验。比如,"我准备去做蛋糕了,你愿意来帮我搅拌奶油吗?"
- 稍微贬低下自己,这有助于心智化。比如,"哇哦,就算是你爸爸我,也拿不动这样重的一个盘子!"
- 深呼吸。如果你带的是个很小的小孩,那么你可以坐在孩子身边,将手轻轻地放在孩子肚子上,同时说:"深呼吸。"并且给孩子演示一下怎么做。
- 比赛。对有些孩子来说(尤其是小男孩),比赛是一个很不错

147

的做法。比如,"看看我们谁穿衣服更快?"或"我们来比比,看看谁先跑到山顶!"

对待孩子,心平气和比讲道理更管用

当你打算教给孩子某种新的行为时,你就可以用上工具箱的右边了。箱子这一侧对应着人的右脑,这是负责情绪、心智化和创造力的大脑半球。箱子右侧是一些柔性工具,比如抹布、润滑剂。这也就意味着你在对待孩子的时候需要平心静气、温柔,需要聆听、给予他们支持、承认他们的感受,并且充分利用好镜像神经元的作用,你先表现出自己希望孩子表现出的行为。在你希望孩子学习某种行为的过程中,你可以把对镜像神经元的利用看作其中的训练辅助车。还有一点,你要让孩子感觉到你对他的信任。

> ### 建议与可行策略
>
> 你需要记住,对待特别小的孩子(0~3岁),更要充分运用你的大脑右侧对他们表达认可,因为这么小的孩子还不懂什么叫责任,没办法给他们讲道理。但如果对待比较大的孩子你也使用箱子右侧的工具,那就无法促进他们的发展了,至少发展程度会非常有限。

第4章 把情绪当罗盘,为孩子的成长定好航线

具体范例

> 通常来说,八岁的罗拉每天要看20分钟的书,但她今天没有。她妈妈坐在她身边,温和地说道:"你平时都喜欢看书的,为什么今天不想看了呢?"然后轻轻地将手放在罗拉的膝盖上没有说话。罗拉回答说因为外面阳光灿烂,很想去外面玩玩洒水器,她说喜欢玩洒水器、喜欢在蹦床上蹦跶着玩。她妈妈说道:"我知道你很想做这个,也很高兴你给我解释得那么清楚,让我能够更好地了解你,但你其实很善于阅读,每天都读得很好。你是想继续看我们之前看的那本书呢,还是想看你自己的杂志?"说完她妈妈拿起了一本自己的书,看了起来。过了一会儿,罗拉也开始看书了。随后,她妈妈夸奖她说:"你真棒,即使你一开始不想看书,但是你看了。虽然这有点难,不过你还是坚持下来了。这样做真的非常好。"

你该怎么做

- 运用非言语信号。比如,善解人意的温柔口吻。
- 积极的身体接触。比如将手轻轻地放在孩子的背上,或轻轻地拍拍孩子的肩膀。身体接触的效果不错,但首先需要对孩子进行调节。否则,孩子可能会将身体接触当作一种威胁。同理,青少年可能会将这当成挑衅而非安抚。
- 承认孩子的情绪,并明确告诉孩子:"我理解这让你很生气,所以你打了他。"或"我知道那个聚会让你很兴奋,所以你觉得晚上12点钟我去接你太早了点。"(可回顾下第2章中的"舷

梯"部分的内容)。

- 聆听与支持。在你穿过舷梯进入孩子这艘小船之前,首先需要聆听,努力去理解发生了什么,并认真对待。你可能会急于教育、说个不停,但你首先需要聆听,你可以先提一些简短的问题:"说给我听听,你为什么要打他呢?"或"为什么你不想穿鞋呢?"
- 展示出你对孩子的信任并告诉孩子:"我知道这有点难,但我相信,只要你再努力一点,你一定能做到的。"
- 充分利用镜像神经元的作用,也就是你要把想教给孩子的行为通过自己先表现出来。比如,如果你希望孩子到门外去,那么你可以自己先打开门走出去。如果你想孩子搞卫生,那么你自己可以先收拾屋子,直到他们也加入进来。

父母态度坚定,行为可靠,孩子更有安全感

当我们打开工具箱的左侧时,所见到的就是逻辑与言语占优势的大脑半球。这一半球的激活有助于人们学习新的东西。在教育子女的过程中,家长通常都会急于做这一步,会对孩子所做出的、自己不喜欢的行为喋喋不休地说教,同时着急于将新的行为教给孩子。但是,若在教育之前就让孩子有所准备,那么效果会好得多。大脑左半球包括一些确定方向的方法,以便你在教给孩子所需学习的行为之前就为此设置方向。无数的实验研究已经表明,如果父母表现得态度坚定、行为可靠,那么孩子就会有更多的安全感。如果孩子知道父母的期望是什么,这会让孩子感到

第4章 把情绪当罗盘，为孩子的成长定好航线

放心。研究表明，在孩子感到边界清晰的时候，家庭中的冲突也更少。

建议与可行策略

在教育子女的时候，身为家长的你在选定某个方法之前，最好先审视一下所选方法是不是与你个人经历有关，对此进行深入的反思，并分析自己是不是想要按照自己所经历的那样去教育孩子。此外，我们还想给你一个忠告，那就是别说太多，记住只说最重要的就好。通常来说，家长都喜欢长篇大论，实际上孩子已经没在听了。这样一来，孩子也没学到什么东西。总之，就如俗话说的，话不在多，在于精。

具体范例

一个三岁的小女孩在她奶奶家的床铺上蹦跳着玩。她爸爸对她说道："你还可以跳五下，然后我们就回去了。"当小女孩跳完了五次后，她爸爸说道："我们该走了。"但是小女孩大声叫嚷道："我还想跳！"父亲回道："我明白，在奶奶的床上跳着很好玩，但现在我们真的该回去了。"他的声音保持着平静，然后轻轻地将女儿从床上抱起来："你跳得非常不错，也许下次我们来看奶奶的时候你还可以继续跳。"

你该怎么做

- 在给孩子提要求的时候记得要以一种积极的方式对孩子说。

- 每次只给孩子布置一个任务。年纪比较小的孩子一次只能记住一个信息，即使是大点的孩子，如果感到压力的话也很容易就放弃了。

- 在给孩子布置任务的时候，尽量让任务变得有趣、好玩，此外尽量让孩子与你一起商量确定。不管是孩子还是大人，如果是共同参与了任务的制定，那就会觉得自己受到了尊重，因此更愿意合作了。

- 如果你看到其他人表现出了你希望孩子能够表现出的行为，那么也表扬一下这些人。

- 要对孩子的所作所为进行表扬，记得要鼓励他们去做你希望他们去做的行为（具体可参见"前言"中"奖赏权力"部分的"过程性表扬"内容，即表扬的应该是孩子所做出的行为，而非孩子）。

- 要给孩子选择的机会。比如，"你现在需要穿衣服了，那你是想穿那件绿色T恤、还是红色的那件，由你说了算。"这会让孩子产生自己被尊重、被认可的感受。

- 对孩子表现出的不良行为要忽视，也就是要将你的注意力从孩子身上转移到其他地方去。但当孩子表现出了你所期望的行为时，你需要将注意力转回到孩子身上。

- 要以心智化的方式坚持你的要求。有时候也许你觉得有很充分的理由去放弃，但通常来说，重要的是要让孩子体会到你那不会轻易更改的明确边界。

第 4 章 把情绪当罗盘，为孩子的成长定好航线

与孩子发生冲突时，你的压箱底绝招

如果孩子的不良行为已经很严重了，那么此时你就需要翻查一下工具箱的底部，去找找平时基本不用的箱底绝招了。在这些绝招中，最后的压箱底绝招其实就是关系。因此，如果孩子的不良行为已经出现了一段比较长的时间，那么这时候最好的做法，就是与孩子接触比较多的成人坐在一起、讨论讨论孩子的需求是什么。当然，孩子也可以参与到这些座谈中。

对于压箱底绝招，有两点你需要特别注意。首先，你必须先尽力尝试其他的方法。对有些孩子来说，与他们的父母坐下来进行一场严肃的谈话，那是他们所能想到的最糟糕的事情，因为这样一来，就显得自己好像真的有问题了。所以，身为父母的你应该首先考虑怎样才能使这次谈话更加心智化，并且需要特别强调这次谈话的重要意义是为了寻找行为背后的原因。

其次，你可以充分利用孩子行为所带来的直接后果。比如，"如果你不记得带运动服，那你就需要自己回家取了。"有时候，我们需要看到事情的真正后果是什么。通常来说，年龄较大的孩子更容易从这些事情所产生的后果中学习。

> **建议与可行策略**
>
> 如果你和孩子发生了冲突，那么冲突之后最重要的是要

> 重建你们之间的关系——这是大人的责任。如果孩子发现你即使不赞同他们的做法、即使你们之间发生了冲突，你仍然会在事后与其沟通、重新建立你们之间的关系的话，那么他们就有了更多的学习机会。

具体范例

16岁的艾米莉正陪着父母与弟弟在巴黎度假。从一开始，艾米莉的态度就非常消极。在她看来所有的一切都是那么傻，甚至在别人和她说话的时候也不回应。艾米莉的弟弟对妈妈说道："如果姐姐还是这样的话，我会很难过的，因为她会毁了我的假期。"第二天早上，艾米莉妈妈提议艾米莉和她一起去取早餐，在她俩一起走过去的时候，她对艾米莉说道："你不能在家庭度假的时候那样表现，发生什么事了吗？"艾米莉回答说自己感到脾气有点暴躁。她妈妈回答说："我明白那确实很难受，但你需要尽量掩饰一下，要不你就会毁了我们其他人的假期了。如果你的情绪还是这样的话，那你就不要和我们一起玩了，我不想你破坏我们的假期。"随后，艾米莉收拾了自己的心情振作起来，在假期后面的日子中更愿意配合大家了。不过当假期结束回到家之后，她又故态复萌了。毕竟，她还只是一个处在青春期的少女。

你该怎么做

- 孩子身边的大人要坐下来一起讨论讨论孩子的问题。孩子是否

第 4 章　把情绪当罗盘，为孩子的成长定好航线

参与一起讨论，要根据其具体年龄而定。这其实就是所谓的反思与修复会谈。

- 要充分利用行为所带来的自然后果（即行为所带来的直接且密切相关的结果）是行为自然而然所导致的必然结果，而非他人所实施的惩罚性后果。此外，你要尽量在事情发生的当天使用。对孩子来说，第二天睡醒才接受前一天自己行为所导致的后果，可谓是最差的做法了。不过有些时候，比如十几岁的青少年所办的聚会最后出现了失控，那么在随后的一段时间内不让他们开办聚会也是可以接受的。

- 在与孩子发生冲突之后，你一定要重新建立起与孩子的关系。

孩子不良行为的弥补与后果承担

若孩子因心智化失灵而表现出某一不良行为，那么父母与子女就应该花点时间去反思一下这件事。不过，除非大家的情绪都已经平复了，并且都恢复了心智化能力，否则你千万不要去召集大家进行反思与修复会谈。坐下来之后，你们可以一起对所发生的事情进行讨论。讨论时，你们可以一起审视一下之前让你们非常生气的事件，并且对隐藏在这一行为背后的潜在原因进行讨论。

此类会谈的目的是要确定怎么去弥补之前事件所导致的损失。在此过程中，身为家长的你应该鼓励孩子提出他们的弥补方案。不过，这意味着有时候需要你来决定最后应该采取什么方式是恰当

的，比如如果有人被吓着了，那么你需要判断孩子是否需要去道歉；如果孩子损坏了东西，你需要决定是否需要他们用自己的零用钱去赔偿。这种方式有助于孩子和他们的照顾者更好地理解之前孩子所做出的不良行为。不过你要记住，不管是事件发生之后的弥补还是行为后果的承担，都应该建立在心智化基础上。其实，反思与修复会谈主要是为年纪较大的孩子所设计，尤其青春期的少男少女。

建议与可行策略

你无须拘泥于反思与修复会谈问题列表中的每个问题，但你可以将其作为开启反思与修复会谈的方式，从而更好地理解所发生的不良事件，以及如何进行弥补。如果孩子觉得这一方式可以，那你就可以继续使用这一方法，并把它当作从棘手事件中学习的工具。

具体范例

13岁的托比被人找家长了，因为他和他的两个朋友在别人家门口的信箱里点燃了爆竹。在反思与修复会谈中，托比很难对他的朋友说不，并且他认为放爆竹炸东西特别好玩。他解释说，其实他也提议过炸别的东西玩，但在信箱里放爆竹的时候，他觉得特别刺激和兴奋。

第4章 把情绪当罗盘，为孩子的成长定好航线

托比对他父母说，他觉得那个向家长告状的男人之所以那么生气是因为他是个阿富汗人。随着他们讨论的深入，托比真的感到不好意思了。于是他们一致同意去联系另外两个男孩的家长，并且决定去给那个男人道歉和赔偿那个信箱。最后，他们还讨论了一下是否有其他方式去释放托比所感受到的、年轻人通常容易受到影响的那股冲动，然后他们决定等赔偿信箱后就一起去卡丁车赛道上玩卡丁车。

• 练习

1. 对于所发生的事情，你当时是怎么看待的？写下你当时头脑中的想法与当时的内心感受。

_____

_____

_____

2. 对于所发生的事情，你觉得事件中的其他人当时是怎么看待的？写下你觉得事件牵涉的其他人在当时的想法与感受。

_____

_____

_____

3. 你觉得需要为所发生的事情做哪些弥补（比如道歉、赔偿等）呢？

_____

_____

_____

帮助孩子学会识别、分类与表达情绪

人类的基本情绪是指那些刚出生的婴儿都会表现出来的情绪。基本情绪是与生俱来的，但小孩子还不能运用他们本身就具备的情绪罗盘去指引这些情绪，除非他们能与他人进行有助于其成长与发展的人际互动，通过这些人际互动，孩子就能学会对自己的情绪进行识别、分类和表达。不过，只有成人识别出了孩子的情绪，将这些情绪也表现出来，并且通过话语说出来，孩子才能学会。当孩子年龄大一些的时候，成人可以和孩子聊聊自己所经历过的情绪。比如，"在我年轻的时候，有个朋友吻了我的男朋友，这让我很是嫉妒、生气。"当然，重要的是你要营造出一个让孩子觉得可以随意谈论情绪的氛围。孩子的情绪表达能力若想获得发展，前提是他们与照顾者之间有着亲密、安全的关系。至于将别人的情绪状态明确告知对方，这既不现实也没有好处。通过这一方式，孩子就能学会根据自己所体验到的情绪强度，判断是将情绪强度降低，还是让自己的情绪强度增强以便更振奋一些。

建议与可行策略

在你帮助孩子学习如何表达情绪的时候，应该尽量避免使用下述话语："你的真正感受是……""我觉得你当时的期望太高了……""我猜你现在明白这是你自己的错误了……"这些表达方式无助于孩子学习如何去识别、分类与表达情绪。

第4章 把情绪当罗盘，为孩子的成长定好航线

具体范例

六岁的罗丝非常善于对她自己的情绪进行识别、分类与表达。当她爸爸生病了、没有精神同她玩的时候，她会很伤心、很生气，因为她习惯了爸爸对她的宠爱与关心。幸运的是她爸爸康复了，然后她告诉爸爸说："我对你很生气，因为我很伤心，很想你。但是生气对我有帮助，一切能好过一点。"

你该怎么做

- 和孩子一起看情绪罗盘，然后讨论一下不同情绪之间的差异。
- 在你清静的时候可以看看情绪罗盘，然后想想是否有哪种情绪孩子表现出来了而你觉得难以处理的。
- 你要特别留心幼儿的情绪。你可以像下面这样说："这个让你难过了吗？"当孩子年龄大一些的时候，你的话语中可以多包括一些情景信息，比如："如果我处在那个情景下，我会很难过的。"
- 当孩子用语言表达出情绪的时候，你要特别留心，要鼓励他们："你太棒了，可以把内心感受告诉我。"

帮助孩子学会调控情绪

孩子除了要学习对情绪进行分类与表达外，还需要学习如何调控自身的情绪。你可以认为情绪有一个按钮，也就是可以将情绪从强度上分为1～10的不同级别。有时候你需要将情绪强度调小一些，

而有些时候则需要提升自己的情绪强度。其中最重要的是你需要学会如何去控制这一情绪按钮。孩子的情绪调控发展过程表现为从成人进行的外部调控逐渐转变成由孩子自己进行的内部调控,并且是随着他们年纪的增长以及他们自己不断在实践中调大调小过程而形成的。

还有一点很重要,那就是要允许孩子在实际生活中去练习对情绪的调控。这就好比学开车一样,若你想学习开车,那就需要去练车的地方自己开,并且尝试学习在各种紧急情况下如何应对。刚开始学的时候,你可能会觉得挫败而绝望,但如果你有机会不断尝试、持续练习,那你最终能够成为开车高手,即使是细微环节你也能够掌握。

建议与可行策略

在教育孩子学习情绪调控的时候,将情绪按钮这一知识教给孩子是个非常不错的做法。你需要给孩子解释,有时候他们需要对自己的情绪强度进行调大或调小。还要告诉他们,即使是大人,偶尔也需要在别人的帮助下才能对情绪强度进行调控。如果能够自己进行调控,并且知道在遇到困难的时候去找谁求助,那就太好了。你需要带着孩子一起看看情绪罗盘,告诉他们不同水平的情绪都是在什么样的情景下出现,当然,如果是你自己的亲身经历就更好了。

第4章 把情绪当罗盘,为孩子的成长定好航线

具体范例

> 九岁的迈克在他姨妈家里吃着姨妈做的糕点。很不幸,他吃得太多了,以至于反胃、想吐。于是他到卫生间将一只手指伸到喉咙里抠,然后吐了出来;不幸的是,有只乳牙也同时掉了,血和牙齿一起吐了出来。这让迈克感到非常害怕,随后不断地想着这会不会让他今后没有胃口了。在随后的几个星期里,他瘦了很多。迈克父母发现了这一点,然后在晚饭的时候始终紧张地盯着他。他们都反复对迈克说:"你必须多吃点!"事情由此失控了。
>
> 他爸爸妈妈坐下来同迈克一起就这件事情进行了讨论。他们解释说,如果人们遇到了让他们害怕的事情,一旦有别的事情让他们想到这点,就会让他们的情绪强度提升,这还是迈克吃饭时所出现的情况。不过迈克所遇到的情况并不存在危险,因此他需要将情绪强度调低。他妈妈也说了自己对蜘蛛也有类似的经历,以前看到蜘蛛会很害怕,不过后来已经学会如何处理。

你该怎么做

- 每种情绪都有一个情绪按钮。
- 要记住,你是孩子的榜样,他们是从你身上学习将情绪按钮调大调小,由此学习到对情绪的调控。
- 若想对孩子的情绪进行调控,那么你首先就要能调控自己的情绪按钮。

- 可以通过体育锻炼或放松来调控自己的情绪。
- 有时候，需要将情绪调到一个更高的强度——调大。
- 有时候，需要将情绪调到一个更低的强度——调小。
- 在帮助孩子调控情绪的时候，最好采用非言语信息，比如轻轻地抚摸、共情式的面部表情、安慰性的舒缓语调，以及一些简短的语气词如"嗯""唔""哦"，并且不带评判地去聆听。
- 在大家心情都很平静的时候，与孩子谈谈在情绪变得很强烈的时候需要怎么去做，比如寻求大人的帮助，想一想自己养的宠物，或从 1 数到 10。

帮助孩子识别情绪的复杂性，厘清内心感受

通常来说，情绪的结构都很复杂。在你学习认识自己情绪的过程中，其中一点就是需要认识到不同情绪会紧密联结在一起或相互冲突。比如，你可能会因为朋友不和你玩而生他的气，但同时你又因自己被冷落而难受。也许你还会感到妒忌，而这是一种复合情绪。那么如何处理这种情况呢？方法之一就是将复合情绪用语言说出来。与情绪状态有关的词汇越丰富，你就越能够体会到不同情绪之间的细微差别，并且也能够更好地理解与把握那个引发你多种相互冲突情绪的复杂情境。此外，如果与复合情绪有关的词汇很丰富的话，还能够帮助你更好地把自己的感受解释给他人听。

图 4-1 阐释了你如何与孩子讨论那些让你产生不同感受的各种

第 4 章 把情绪当罗盘,为孩子的成长定好航线

情绪。当然,这些范例只是一种启发,让你知道应该如何去谈论情绪而已,并不意味着这已经包括了所有的情绪类别。在与孩子讨论的时候,最好的做法是针对不同的情绪采用不同的词语,同时也要鼓励孩子用不同的词语去区分不同的情绪状态。

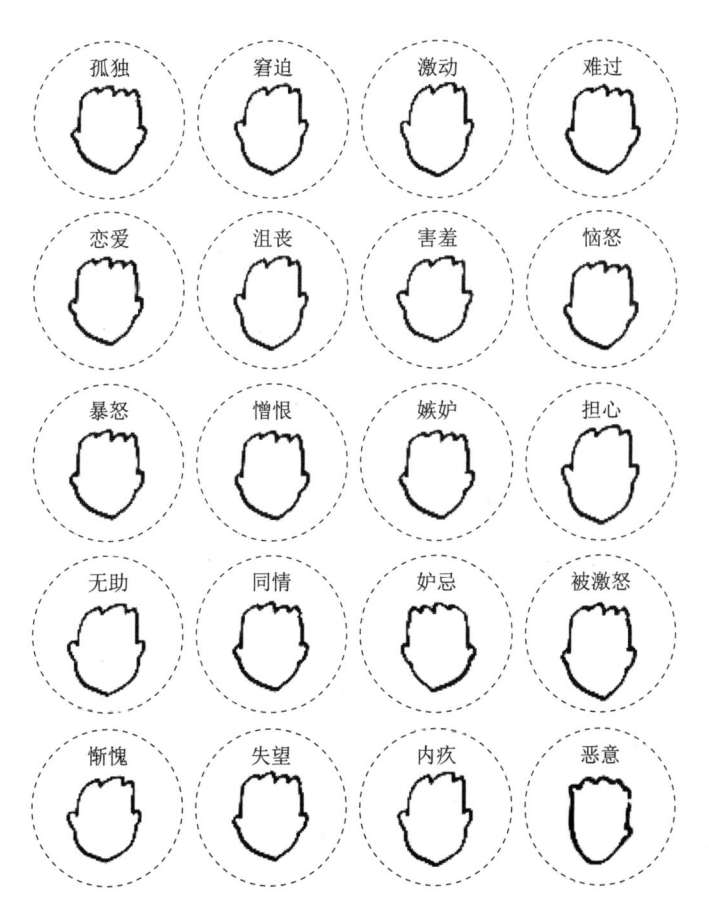

孤独	窘迫	激动	难过
恋爱	沮丧	害羞	恼怒
暴怒	憎恨	嫉妒	担心
无助	同情	妒忌	被激怒
惭愧	失望	内疚	恶意

图 4-1　复合情绪示意图

建议与可行策略

当孩子体验到极度强烈情绪的时候,他们是很难描述清楚自己内心感受的。情绪的强度越大越令人难受,孩子就越不愿意谈论。

具体范例

本恩是个 11 岁的小男孩,这天晚上在学校参加一个社交活动。他感到非常紧张,其实在活动举办之前的一个星期,他就紧张得难以入睡。实际上,他需要他的父母与他一起讨论一下他的担心、紧张、心虚与他对自己在活动上的期望,以及因自己缺乏自信而产生的羞耻感和对自己的恼火。

你该怎么做

- 当孩子体验到不同情绪的时候,你要与孩子一起看着上面的示例,然后一起进行讨论。记得要以你自己的亲身经历为例来开始。
- 你可以鼓励孩子画画,然后你们一起对着画编故事,尽量从不同的情绪角度去编不同的故事。
- 你可以根据孩子的兴趣选择一些书来读给孩子听。好的儿童文学作品会刻画出故事角色的情绪。
- 在你和孩子一起看电影或电视剧的时候,多关注一下其中的人

第 4 章 把情绪当罗盘，为孩子的成长定好航线

物角色所表现出来的情绪。
- 鼓励孩子写日记，不过千万别去偷看！
- 采用独白技术讲一些你小时候的经历或其他孩子的小故事，从而让孩子知道你觉得他们的情绪是什么（参见第 6 章中"同孩子沟通"部分的助益性独白）。
- 让孩子寻找那些能够反映出他们各种情绪的音乐。
- 从杂志中翻阅到那些能够反映不同情绪的内容。

第 5 章

家庭心智化：童年经历对你的育儿模式的影响

在与孩子相处的时候，我们自身的童年经历可能会再次浮现出来。因此，重要的是你不仅要能改变自己固有的行为模式，还要在陷入过去行为模式时能够原谅你自己。这就是本章将要探讨的重点。为了打造一个心智化的家庭，你必须认识到哪些因素塑造了你。也就是说你必须意识到你自身的背景是什么，认识到在为人父母的过程中你所背负的包袱又是什么。其实，所谓心智化的父母，其典型特征就是能够认识到所有行为背后都有内在的原因。

在这一章中，我们的重点将放在身为家庭一分子的父母身上，从他们的自身经历角度去探讨家庭的心智化，探讨这些经历会给他们所创造的家庭新成员带来什么样的影响。首先，我们将介绍学术界在心智化的关系和心智化的家庭方面的研究成果。谈到家庭，有种方式就是将人们的注意焦点集中在怎样才能打造一个好的家庭。但不管采取何种方式，每个人都是家庭的一分子，孩子都在看着自己的父母，但又无法质疑这到底是不是最好的养育方式。我们都很容易在家中创造出自己所习惯的方式，或尽力去避免自己所不喜欢的。

为了让家庭成员产生安全感和可预测性，每个家庭都会形成一定的家庭结构去自发地应对日常生活中的挑战与冲突。然而这些结构也可能是有害的，因为这会缺乏灵活性，失去向前发展的机会。将自己家庭的经历埋在心里只会使我们对自己、对自己的孩子变得盲目。因此，采用一定的分析模型去分析自己的家庭，也许是一种不错的做法。至于如何对你的家庭进行分析，以及如何建立你自家的家庭结构，你可以将本章所探讨的家庭结构作为参考。这一模型能够让你从旁观者角度对你自己和你的家庭进行分析，你也可以将这个作为你与其他家人对家庭中的等级以及家人间的边界进行讨论的起点。

第 5 章 家庭心智化：童年经历对你的育儿模式的影响

让童年善待你的人成为提升自我的动力源

所谓童年时代的天使，指的是那些在人们长大成年后仍然能够记得的、童年时期所遇到的正面人物或事情。通常来说，这些天使是在成长过程中善待我们的人，是在我们头脑中留下的心理图像。只要想起他们，这些记忆就能让我们产生安全感。他们可能是那些关心我们、对我们友好的人，或是在孩童时期帮我们渡过难关的人，也可能是我们在对事情束手无策时可以依赖的人，或者是帮助我们找到不良行为背后原因并始终给予我们无条件关爱的人。

> **建议与可行策略**
>
> 天使的形象通常都是宗教人物或动物。当我们期待有天使的时候，我们就是在自己的头脑中构造出心理图像，以期这些图像可以帮助自己找到那些让我们产生价值感并在我们心中注入动力使我们能够继续提升自己的人。

具体范例

当玛丽还是一个孩子的时候，与奶奶的关系特别亲近。她奶奶特别能理解她，只要她有需要会始终陪在她身边。玛丽特别信任她也愿意听她的话。玛丽的妈妈总是有忙不完的工作，

> 让玛丽常常感觉自己是不是被妈妈抛弃了。幸运的是，她有奶奶。当玛丽自己成了一个有双胞胎女儿的妈妈时，她期待自己的母亲能够像奶奶那样。但是她妈妈虽然退休了，精力仍然很旺盛，总是忙着参加各种各样的活动。玛丽觉得非常失望，但是知道奶奶是自己童年时代的天使，帮助自己认识到怎样才能成为一个好的、可信赖的依恋对象。她还认识到，人们不能把自己对别人的期待传递给下一代。她觉得与其被动地坐在那里等着有人来担任自己孩子的天使，不如自己主动去承担起这一角色。

你该怎么做

你可以回顾一下自己的童年时代，想想哪些人是你的天使、是你心目中特别重要的人，然后将他们画下来，或者用文字写下来。

母亲般的天使

是否有一些大人在你孩童时期给予了你特别的支持？

_____

_____

你是否有什么特别美好的、让你感觉心情特别舒畅的记忆？

_____

_____

第 5 章 家庭心智化：童年经历对你的育儿模式的影响

在你十几岁的时候，你觉得和谁聊天最舒服？

_____

_____

_____

父亲般的天使

是否有一些大人在你孩童时期给予了你特别的支持？

_____

_____

_____

你是否有什么特别美好的、让你感觉心情特别舒畅的记忆？

_____

_____

_____

在你十几岁的时候，你觉得和谁聊天最舒服？

_____

_____

_____

童年阴影将影响你与孩子的互动

恶魔象征的是童年时期的负性事件。当遇到创伤性事件的时候，人们的记忆就如大象的记忆力一样特别厉害。从进化论角度来看，这是很容易理解的，因为记住那些危险的事情可以让你将来避开这些危险，从而确保你的生存。这些负性事件的记忆就像恶魔一样，始终萦绕在我们身边，并影响我们和自己孩子的互动。但如果将这些恶魔释放并将它们埋葬起来，那它们就不会在我们为人父母后再回来骚扰我们，不再使我们在阴影下生活。不过，你可以通过心智化的沟通将这些恶魔好好埋葬起来。在沟通的时候，你可以说"我们一起分享，我们共同承担"。

> **建议与可行策略**
>
> 人都有保护自己的本能，所以如果没有准备好就不会去拜访那些恶魔，也不会谈论以往的负性事件。这时候，你千万别逼迫他们，而是需要采取柔和的方式表达你的关切，并且鼓励他们去面对那些恶魔。

具体范例

有对夫妇坐在他们的新生儿身边，孩子正大声哭闹着。在这位父亲小的时候，他的爸爸脾气暴躁，经常暴跳如雷，而他的妈妈是一位控制欲很强、挑剔的女人。每次他的爸爸发完脾气后，他的妈妈就教育他，说他让爸爸失望了。

回到现在，这对夫妇能够安抚他们幼小的儿子。他们分享了自己的童年生活，对自己童年时代的恶魔进行了讨论，也对自己想成为什么样的父母进行了探讨。他们发现这有助于他们将过去用语言表达出来。然而，当这天晚上他们的儿子触及底线、并且怎么都无法安抚的时候，恶魔又出现了。

这位父亲吼道："难道你没看出他是饿了吗？还不赶快给他喂奶！"然而，母亲回道："你这是在祸害我们的儿子，就如你父亲那样。"随后等他们心情平复下来后，他们坐下来一起讨论他们心中的恶魔并将其埋葬，同时谅解了对方内心中的恶魔再次重现时的行为。

你该怎么做

你可以回顾一下自己童年时期的恶魔，想想它们有哪些事情让你非常害怕或恐惧且永远不想再记起，然后将它们画下来，或者用文字写下来。

母亲般的恶魔

在成长过程中，是否有让你感到害怕或恐惧的记忆？

_____

_____

_____

现在回想起来,你儿时最难堪或最孤独的经历是什么?

_____

_____

_____

当你还没长大的时候,是谁让你觉得最没有安全感?为什么?

_____

_____

_____

父亲般的恶魔

在成长过程中,是否有让你感到害怕或恐惧的记忆?

_____

_____

_____

现在回想起来,你儿时最难堪或最孤独的经历是什么?

_____

_____

_____

第5章 家庭心智化：童年经历对你的育儿模式的影响

当你还没长大的时候，是谁让你觉得最没有安全感、最惶恐？为什么？

_____
_____
_____
_____

你正在重复着你父母的不良育儿做法

在家长感到有压力、还没有思考就采取行动的时候，就会出现强迫性重复，他们会难以抑制地不断重复自己的消极行为，而这些消极行为源于他们的孩童时期。如今，我们已经知道强迫性重复有着广泛的动力学机制，综合这些机制，我们就可以对强迫性重复这一过程进行解释。

第一个动机机制是强迫性重复本身，这其实也是人们的学习方式。在我们还是婴儿的时候，会经常将安抚奶嘴扔到婴儿车的外边，看看它是否会掉到地上。因此，当父母重复着他们以前自己父母的做法给婴儿安慰奶嘴时，就是为了了解这种做法会有什么用。第二个动力机制是控制欲。在小孩子的眼中，觉得自己没有什么是做不到的。比如，如果你看到父母用暴力进行控制，那么你也很可能采用同样的方法去进行处理。第三个动力机制指的是强迫性重复的目的其实是为了调控情绪。当孩子让你很生气、伤心或焦虑的时候，你会想对这些强烈的情绪进行调控。在你重复某一行为时，这其实就是在努力获得控制，不过这也表明你的情绪调控能力没有获得充分发展。强迫性重复的最后一个动力机制与习惯有关。人们之所以喜欢培养自己的习惯，是因为做自己经常做的事情更为容易。一旦我们感到有压力，那我们很有可能会陷入习惯之中。

在这些机制的共同作用下，就形成了一种不断自我重复的恶性循环，由此导致的结果不是学习，而是让人难受的不安全感与失控感（见图5-1）。当孩子让我们感到无力或让我们产生不安全感的时候，就特别容易出现这种情况。总的来说，强迫性重复与我们倾向于采取与那些照顾我们孩童时期的人的做法有关，但实际上，我们在无意识中又希望自己能够遇到一些做法不同的人，希望从他们身上学习到另外一些有效的做法。而这些经历反过来就会有效改善你的强迫性重复。

建议与可行策略

当你发现自己在重复父母的不良做法时，你要保持好奇心，并深入探察。你可以与伴侣一起讨论一下你自己的重复性行为模式的产生根源。这可能有助于你的伴侣更好地理解你。而理解会引发学习，从而使你能够掌握一些新的技巧与策略。

具体范例

在瑞安小时候，他父亲就经常冲他发火。另外，他父亲还会采用冷战的方式对他惩罚，不与他说话，这种冷战有时会持

第 5 章 家庭心智化：童年经历对你的育儿模式的影响

> 续好几天。瑞安非常讨厌这样，尽量不让父亲生气、不使父亲失望。在他有了两个儿子后，他想做一个好父亲。但在他生气的时候，又会不由自主地像他父亲那样沉默、一走了之，以此去努力控制自己的情绪。有一天，瑞安五岁的大儿子对他说道："对不起，是我不好，求求你，和我说说话吧。"瑞安意识到了自己成长过程中所形成的这一行为模式，并且努力去治愈自己的这种强迫性重复行为。

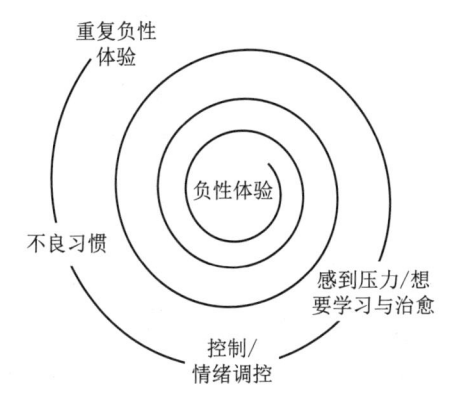

图 5-1　强迫性重复示意图

你该怎么做

你对孩子的哪些重复行为模式（这些行为模式在你看来并没有对你的成长和发展起到支持或促进作用）是你曾经在母亲身上看到过的？

_____

_____

_____

你对孩子的哪些重复行为模式（这些行为模式在你看来并没有对你的成长与发展起到支持或促进作用）是你曾经在父亲身上看到过的？

_____

_____

_____

你在什么情况下特别容易表现出强迫性重复？

_____

_____

_____

你在这些情况下做了什么？

_____

_____

_____

事后你的感受是什么？

_____

_____

_____

第5章 家庭心智化：童年经历对你的育儿模式的影响

克服儿时创伤和负性体验的魔鬼

要克服儿时的创伤、负性体验的恶魔，唯一的方法是识别出它们并认清它们。要做到这一点，你可以采用的方式是与你的伴侣、朋友或咨询师对此进行讨论。心智化的沟通可以帮助你抓住那些恶魔，并将其安全地埋葬起来。

建议与可行策略

首先你可以做一下前述的天使、恶魔，以及强迫性重复方面的练习作业。然后当你发现自己与孩子交流的时候重复出现了早期的行为模式，就再去审视一下你之前完成的练习内容。

具体范例

爱丽丝的妹妹在其小时候溺水而亡。现在，爱丽丝经常担心这种事情也会发生在自己的小女儿身上，在遇到与水有关的事情时她会非常恐惧。她的女儿也接收到了母亲传递出的这些信号，一说到要去泳池或海滩她就会十分恐惧。而且，她的这种恐惧演变成了普遍性恐惧，变得不敢离开母亲，以至于导致她出现了学校恐惧症。

你该怎么做

你可以在头脑中想象一下恶魔被埋葬下去的画面。比如，你可以回到自己儿时住过的房子里，然后说声"再见了，恶魔"。你还可以把本页内容连同你的笔记保存下来，让它成为你个人成长史中的一部分。

在你的人生中，是否有一些创伤或负性体验呢？

_____

_____

是否有一些例子表明这些创伤或负性体验影响了如今的你呢？

_____

_____

你是否发现自己在有些情况下重复了一些行为模式（这些行为模式对你以前经历创伤性事件的时候有所帮助，但如今却是无益的）？

_____

_____

是否有某种方式可以帮助你去象征性地埋葬这些恶魔？

_____

_____

第 5 章 家庭心智化：童年经历对你的育儿模式的影响

是否有什么儿时的痛苦经历或与什么人的关系让你担心会影响到你现在为人父母？

_____

_____

_____

当与孩子出现沟通困难时，你该怎么做

在本部分，我们将深入探讨什么样的方式才能最有效地营造出一个充满着平静与思考的氛围，以便你可以设置一些既促进学习又利于孩子心智化能力发展的边界。起初，管教的意思是学习或指导。在你养育孩子的时候，最重要的不是惩罚，而是要教会孩子学会那些他还做不了的事情。

> **建议与可行策略**
>
> 你可以思考一下，假如在学习的时候采用诸如"为什么、是什么、怎么样"的思考模式，那么你是否觉得这样能够更好地帮助你集中精神、避免陷入"心智化失败"的陷阱中呢？

具体范例

一个星期五的晚上，女儿躺在超市地板上大声哭闹，她精疲力竭的母亲在一旁看着她。原来，这对母女为要花多少钱去买糖果起了争执。起初，这位母亲本能地想着"需要对女儿加以管教"，但随后她便记起要运用"为什么、是什么、怎么样"的方式去调控强烈的情绪。

"为什么我女儿会这么做呢？是不是因为她期待了整个星期才熬到了可以买糖的星期五？她需要我教给她什么呢？对事物有所期待是一种美妙的感受，假如偶尔能拥有许多这种事物就更好了。那我怎么才能教会她这一点呢？"

于是，这位母亲蹲到了小女孩的身边，告诉她说糖果吃一点点的话会很好吃，但如果吃得太多就会影响身体的健康。她们俩探讨了一下延迟满足这一话题，并讨论了在生活中，人不可能想要什么就一直能得到什么；有时，对事情有所期待是一种美妙的体验，比如圣诞节。

你该怎么做

当你发觉孩子正在测试你的边界，或感觉自己出现心智化失败的时候，尝试着让自己跳出这个具体情景，想想"为什么、是什么、怎么样"。

- 为什么他现在会这么做？
- 他需要我教给他什么？
- 我怎么才能教会他这一点？

第5章 家庭心智化：童年经历对你的育儿模式的影响

那么，现在就是愿意与否这一问题了。他愿意学吗？或他现在这一刻有能力学习吗？

在沟通出现困难的时候，你想做一个怎样的父母呢？

- 你觉得哪些价值观最重要，需要传递给孩子？
- 你想在孩子心目中把自己塑造成一个什么样的榜样呢？
- 你觉得你的孩子最需要学习的是什么？

在沟通出现困难的时候，认真思考：

- 你觉得事情为什么会发展到这个境地？
- 你的感受怎么样？最困难的时候你在想什么？
- 孩子心里在想什么？
- 回想一下上次你对孩子失去心智化能力的情况，是否有什么特殊事件触发了你？你的感受怎么样？当时你在想什么？
- 你是否发现自己在其他情况下也表现出了这一模式？

哪些因素让你在与孩子的互动中一点就着

触发器可以是一个事件、一个情境或一种情绪，它们能够让你想起以往经历过的负性体验，并唤起你的强烈情绪，比如焦虑、愤怒或紧张。人类有一个警报系统，会在我们遇到危险的时候让我们产生警觉。这个警报系统是很有用的，能帮助我们世世代代生存下来。一旦警报系统发出警报，我们的身体就会做好反应的准备。它给了我们做出战斗、逃跑或僵住反应的能量。只要我们经历过某种危险，那么在我们再次遇到同样的触发事件时就会变得警觉起来。

身为父母，我们也将自己所背负的包袱带到了与孩子的互动中。有时候，一些与孩子没有任何关系的事情可能会触发我们的反应。当孩子拒绝按照要求去做的时候，有可能会激活我们在孩童时面对父母使用武力时所产生的那种无力感。通常来说，在与孩子互动的过程中我们所感受到的触发器都是错误的警报。比如，我们的所听、所见、所感会让我们回想起曾经发生的某件事。

触发器分析可以用来分析某个具体的情景，不仅可以用来分析我们自己，还可以用来分析与孩子有关的情境。实际的行为是什么？在行为发生之前的内部触发器是什么（比如情绪或想法），外部触发器又是什么（比如他人的行为）。当时我们和孩子体验到了什么情绪，这一行为的潜在原因又是什么？

建议与可行策略

有个比较好的做法就是你要了解在你和孩子互动时哪些因素会触发你的警报。通常来说，你的孩子可能会无意之中发现这点。此外，你还要认真思考自己在被触发后会采用什么样的策略或方法。

第5章 家庭心智化：童年经历对你的育儿模式的影响

具体范例

一位父亲回想起他小时候曾经被欺凌过。他深深地记得当时自己心中的那种无助感，特别是在别人嘲笑他、他却不知道原因的时候。有一天晚上，他开车送他十几岁的女儿和她的朋友们去参加一个聚会，他和她们一直相处得很好。女孩们随着音乐大声唱着歌，音量也一直调到最大。其中有一个女孩建议，找一首这位父亲也能跟着唱的歌。于是，她们挑选了一首非常老的歌曲。音乐响起，女孩们大声笑了起来。父亲身体本能地僵硬起来，愤怒地说了一句话并关掉了音乐。

紧接着，他产生了一种无助和不适感，就像他小时候那样。第二天，他仍然想弄明白这到底是怎么一回事，并找到了触发器分析这一方法。通过分析，他找到了童年时期那些情绪背后的原因。以后他再开车送女孩们去聚会的时候，他会更加注意自己的反应，并在反应之前做更多的思考。

你该怎么做

你可以使用表 5-1 去分析具体情境中到底是什么因素触发了你或你的孩子。

表 5-1　　　　　　　　亲子互动中的触发器

触发器(内部/外部)	行为	情绪	原因
是什么触发了行为？发生什么事了	你做了什么？具体描述一下你的行为	你感受到了什么情绪	是什么原因导致你有这样的反应

当你情绪失控时,制定危机应对方案

为了在遇到困难处境的时候让自己处于主动位置,你最好是在心情平静的时候对那些可能会遇到的困境进行分析。身为父母,你可以独自进行分析,也可以与配偶一起做。重点是要在心情平静的时候进行。因为只有在这个时候,你才能明白自己怎样才能够对自己的情绪进行调控,并注意到那些在自己情绪激烈、难以调控的时候看不到的做法。

其实,制定危机应对方案本质上就是在做一个心智化任务。你可以想象一个与孩子互动时所遇到的特别困难的情景。想得越具体越好。究竟发生了什么事?你是在哪儿?当时你头脑中在想什么?你必须根据自己的经历不断地对应对方案进行评估与调整。在你拟定危机应对方案的过程中,其实你就是在与行为背后的情绪原因进行对话,而这会让你看到特定情绪并不会自动地导致特定行为。总之,制定危机应对方案能够给你及你的孩子一些新的体验。

建议与可行策略

你可以把危机应对方案做成可以塞到口袋里的小卡片,或者是制成备忘录存在手机里。记住,你所制定的方案必须包括明确的指示,让你明白自己在情绪激动的时候需要做什么。

第 5 章 家庭心智化：童年经历对你的育儿模式的影响

具体范例

有一位父亲在他十几岁的女儿对他居高临下地说话时，觉得自己很难应付。她可能会说："你在这里一直像个女佣似地干活，为什么还要我打扫卫生呢？"他感到非常生气，大声吼她"真希望你尽快搬出去，这样就不用再看见你了"，然后他立刻为此感到后悔。他制定了一个危机应对方案，他认识到自己之所以被触发，是因为觉得自己被羞辱了。

他想了一下，是不是还有比吼叫更合适的做法呢？他回想起自己曾经被同事激怒的时候，是将注意力集中到自己的手机上，直到自己调整好了为止；之后，他才能够平静地与同事说明自己的感受。他还将这一方法应用到了与女儿相处时所遇到的困境中，这有助于他对自己的调控，以及与女儿探讨什么样的沟通方式比较好。毕竟，用这种方式和那些朝夕相处并关心自己的人说话是一种不好的习惯。

你该怎么做

在什么情况下特别容易出问题？

_____

_____

_____

_____

你觉得自己有哪些情绪难以处理，比如愤怒、伤心、焦虑、或被抛弃时的感受？

_____
_____
_____
_____

类似情况下，你以往是否做出过其他反应？有哪些不需要制定危机应对方案的行为？

_____
_____
_____
_____

以后遇到类似情况，你怎么做才能避免自己做出此类需要制定危机应对方案的行为呢？

_____
_____
_____
_____

你觉得在自己即将做出此类需要制定危机应对方案的行为时，有什么可以帮到你的？

_____

第5章 家庭心智化：童年经历对你的育儿模式的影响

其他情况下你是怎么调控情绪的？在你感到伤心或愤怒时，你通常是怎么做的？

你觉得在自己即将做出此类需要制定危机应对方案的行为时，可以向谁求助或联系谁呢？

当孩子情绪冲动时，先调节好自己的情绪

在与情绪激动的孩子打交道时，身为父母，你的主要工作就是要让自己表现得像有一个能把你的情绪温度调节到适宜温度的温度调节器。通过这一方式，父母就成了孩子眼中的榜样。这表明人的情绪状态可以通过思考去加以调控。身为父母，最重要的是在自己

不能以一种可以促进孩子发展的方式和孩子打交道时能够意识到这一点。如果有可能，那么你可以问问你的配偶如何去处理这一情况（由于你的配偶没有体验到这一强烈的情绪，因此有能力进行心智化）。

建议与可行策略

如果你发现自己心智化失败了，就要立即使用情绪温度计，你会借此了解到它是如何起作用的。它能够让你清楚地看到自己什么时候能够冷静地思考，什么时候不能。起初，你可以对着情绪温度计不断地问自己一些问题，但是随着时间的推移，你需要在自己体验到强烈情绪的时候将这一过程变成一个自动化的过程。

具体范例

有一位母亲走向她十几岁女儿的房间，准备跟女儿聊聊自己的心情多么沮丧——因为女儿在弄完吃的后，她不得不再次收拾被她搞得乱糟糟的厨房。在进入女儿房间之前，她检查了一下自己的情绪温度，确保自己对这次交流保持一个开放的心态。她注意到自己的情绪太过激动，因此就让孩子的爸爸代替自己去。孩子的爸爸找了一个平静的时间到女儿房间，然后坐在女儿床边。他们好好探讨了一下作为家庭的一分子意味着什

第 5 章 家庭心智化：童年经历对你的育儿模式的影响

> 么，谈到大家必须"站在同一边"才能让家庭良好运转。他告诉女儿，为什么每个人都要为家务劳动做出贡献是如此重要，收拾好盘子只是大人为使事情顺利运转所做的诸多事情之一。女儿其实也明白这点，只是以前没有意识到而已——平时家里的盘子似乎经常在玩"自动消失"。

你该怎么做

如果你把情绪温度计当作一种方法，那它可以帮助你判断此时此刻是否有能力进入一个心智化互动中（见图 5-2）。

图 5-2　开放心态——情绪温度计示意图

用 1～10 进行评分，1 为最低分、10 为最高分，我的情绪有多强烈？

_____

_____

_____

我是否处在开放心态下,能够从其他角度来看待事情?

_____

_____

我是否在冷静思考与急于行动之间保持了平衡?

_____

_____

我是否对自己和他人都保持了共情?

_____

_____

我是否对隐藏在行为背后的心理状态保持着真正的好奇心?

_____

_____

我是否有足够的时间和耐心去妥善处理这一情况?

_____

_____

_____

第5章　家庭心智化：童年经历对你的育儿模式的影响

与孩子的重要家人构筑家庭共同体

孩子出生后，需要借助许多人的帮助与支持才能得以健康成长。参与养育孩子的人越多，孩子能够得到的资源也越多。俗语说"养大一个孩子需要全村人的努力"，意思就是孩子需要在很多大人的帮助才能生存，才能了解自身所处的文化，才能让自己的潜能得以发挥。这些大人既可以是家庭成员，也可以是老师、邻居，还可以是有助于孩子茁壮成长的朋友。

以前，心理学家最重视的是母亲与孩子之间的关系；如今，许多对父亲与孩子之间关系进行探讨的研究得出结论认为，自孩子出生起，真正重要的其实是父亲与孩子的关系。这不仅对孩子如此，对整个家庭也是如此。在父亲参与到育儿的过程中时，比如给孩子换尿布、安抚孩子、哄孩子睡觉，等等，他们也能体验到育儿激素（即催产素）的上升，同时他们身上与攻击和支配有关的激素水平则会下降。研究还表明，如果在养育孩子的过程中，父亲扮演着积极主动的角色，母亲的压力水平就会更低，家庭凝聚力和归属感则会上升。一个家庭很快就能建立，但是其早期所形成的家庭模式在后期却很难改变。

通过观察家庭的社会关系和资源，我们就能认识到一个人可以利用的所有资源不仅是来源于自己的伴侣，还来源于家庭中的其他成员，以及那些远房亲友。你可以指望那些与你有密切关系的人，以及爷爷奶奶、外公外婆，还有你的邻居、朋友们。

建议与可行策略

人生在世,世事岂能尽如人意。但是,即使孩子是在单亲家庭,或者没有如同你所期望的那样有着众多家庭成员或广泛的社会关系,也并不意味着一切就结束了。你要记住,人生路漫漫,很少有事情会同我们所期望的那样完美。

具体范例

有一个家庭带着刚出生的儿子从医院回到家中。这是一次难产,很难进行母乳喂养。但是母亲心里放不下孩子,觉得丈夫笨手笨脚、不会照顾孩子。她也不想孩子的奶奶来照顾,因为奶奶会抽烟,她很不喜欢孩子抱回来时身上的烟味。她也对自己的母亲很恼火,因为她看得出来母亲不喜欢孩子的名字。

当她终于把自己的所有情绪说出来,并尝试着放手一些、让其他人去照顾孩子的时候,给她带来了很大的帮助。在她与丈夫谈起自己对于要放手照顾孩子的责任时有多么担心后,他们更深入地理解了对方。他们达成一致的看法,认为他们应该一起去帮助她稍稍放手,同时他也要学习听取她的意见与建议。

第 5 章 家庭心智化：童年经历对你的育儿模式的影响

你该怎么做

当你让伴侣参与到育儿过程中的时候，你就给了孩子一份特别棒的礼物。

- 你会让伴侣的大脑变得更有爱心。
- 你会减轻自己的压力。
- 你们夫妻未来会如何相处，会受到你现在所作所为的影响。
- 你要记住，对于身为难以放手的伴侣来说他们的行为并非出于恶意。通常来说，这是因为缺乏安全感或焦虑，所以你要聆听，要给予尊重，还要让你的伴侣看到你是能够帮助她的。
- 如果你是一位单身母亲或父亲，你就要让其他人一起帮你照顾孩子。

当你让家人或其他与你关系密切的人参与到育儿过程中的时候，你也是给了孩子一份特别棒的礼物。

- 你让你的孩子有机会在许多人的环绕下长大，他们可以帮助你的孩子发展与茁壮成长。
- 有更多的人照顾你的孩子，会让他更有安全感。
- 你让你的亲友参与到帮助你养育孩子的过程中，让他们觉得未来也有责任去照顾与帮助你的孩子。

夫妻间的许多冲突需要去接受而非解决

当一个家庭由夫妻俩变成了三个人时，夫妻关系其实就是家庭得以存在与发展的所有空间。一个人有了孩子之后，生活会发生巨大的变化，而且很容易不再用心去维系夫妻之间的关系。研究表明，做得好的夫妇善于解决冲突，也善于滋养存在冲突的夫妻关系。

夫妇之间的空间不仅是夫妻的游乐场，也是孩子的游乐场。如果夫妻俩不对他们的关系投入足够多的精力，他们就会不断地污染这一空间。一个被污染的空间会让身处其中的夫妻感到焦虑，而孩子也是生活在这一空间并在其中呼吸的。如果夫妻双方对这段关系投入了足够多的精力、维持着良好的空间，就是给这一空间施了肥，让这里变成一个安全的好地方。这一空间越安全，他们就越容易做到心智化，也就越有可能会走向对方的舷梯，解决彼此之间的冲突。也就是说，他们会真诚地努力去理解彼此心中的想法。

我们知道，夫妻之间的某些冲突是无法解决的，但那些做得特别好的夫妻会在生活中接受彼此的差异，会认可对方的观点。那些在遇到困难时靠近对方而不是回避对方的夫妻，会有更多的机会去解决问题。这些夫妻知道，为了解决冲突，他们必须以一种平静、尊重的方式去讨论彼此之间的分歧，也就是说，要给他们的空间施肥。他们还知道，批评与责怪只会给这一空间造成污染，会迅速地中和掉彼此之间的欣赏。

建议与可行策略

一段成功的夫妻关系并不是要赞同对方的所有观点；相反，是要能够理解对方行为背后的理由与意图，并能营造出

第 5 章 家庭心智化：童年经历对你的育儿模式的影响

一种共处的氛围——双方都明白许多冲突需要的是接受而非解决。

具体范例

> 自从有了小孩，格雷斯就感到特别焦虑，尤其在女儿六个月大时，她不再整天乖乖睡觉，而是到处爬来爬去。格雷斯的反应是拿丈夫出气："你一点都不帮我，什么都需要我来做。"这激怒了她的丈夫，他很想尽己所能地去支持妻子，很想成为一个好父亲。他的第一反应就是回避，下意识地想："不管怎样，反正她可以自己应付。"不过，他没有回避而是靠近她，建议找个时间坐下来谈谈，自己做什么可以帮得上她。
>
> 当女儿终于睡着之后，他耐心倾听了妻子所面临的巨大压力，以及对他发脾气的原因，是真的很需要他的帮助与支持，因为自己一直觉得压力太大。格雷斯很奇怪，妻子为什么不直接告诉自己她需要什么。他同时也很高兴，因为他真的想帮助她。他也解释了自己有时候之所以没有帮忙，选择靠边站，是因为自己觉得格雷斯是一位非常优秀的母亲，担心自己不如她。

你该怎么做

给空间施肥

在孩子入睡后，夫妻俩每周坐下来聊一次，把这当作一个重要事项来安排。一方面讲述自己欣赏对方身上的东西以及其中所蕴涵的意义，另一方面则需要穿过对方的舷梯进入对方的脑海。此时，听者的首先任务就是单纯的倾听，并用同样的话语去重复对方所说的话。之后再互换角色进行。

四次相遇

一天之中，夫妻俩至少有四次相遇：早上睡醒后双方对视之际、离家上班前、下班回家碰面时与上床睡觉前。

你们之间的问候与道别是否合适？如果你们之间的问候与道别都是匆匆忙忙、没有上心，就会污染你们夫妻所处的空间。重视你们在一天中的这四次相遇，你们之间的联结就会更安全，也更容易建立好的关系。要做到这一点其实很简单，那就是保持开放心态，用心去感受。

当穿过对方舷梯、进入对方脑海的时候，你有时会觉得像是有一根钢索或一根粗粗的橡皮筋系在你的背上，在使劲地把你拉回来。这一任务虽然困难，却非常重要。通过这一过程你可以锻炼你的心智化肌肉。

［这部分是与心理学家、心理治疗专家洛内·阿尔戈特·杰普森（Lone Algot Jeppesen）合作创作的。］

第5章 家庭心智化：童年经历对你的育儿模式的影响

健康家庭的标志——心智化

家庭是一个极为特殊的社会群体。它具有明确的结构与规则，在整个家庭生命周期中会面临许多发展任务，比如保证家庭成员的生存、确保家庭成员之间的相互支持。家庭中必须有能够让大人、小孩进行发展与学习的空间，同时，家庭还必须能够适应外界环境的变化，能够根据家庭成员的变化进行相应的调整。此外，我们还需要在家庭中学习如何去管理自己的强烈情绪，如何去应对心智化失败。

世界上没有任何一个人能够在第一次就将事情做得很完美。因此，心智化家庭的特点之一也是最为重要的就是，你要相信自己，相信你的伴侣、你的孩子有能力去成长与发展。心智化家庭的目的，不仅仅是要确保大家的生存与发展，更是要为家庭制定出明确的界限与边界。当然，还要让家庭保持一定的灵活性。

如果你在看待事情的时候不被单一视角所束缚，那么你就有可能使用那种充满温暖、善意和幽默的有趣方式去看待世界。希望自己的家庭能够成为一个心智化的家庭，其真正的目标或愿景，其实就是希望大家在一个相互尊重对方观点的情况下去解决问题与争端。当然，谦虚与信任也是必不可少的。那些心智化的父母会特别留心观察与发现大家的心智化表现，并不失时机地大加赞赏。

建议与可行策略

任何一个家庭，家人总会有心智化没有达到预期或不能适应所面临的挑战。但事实上，这也是家庭健康的标志之一，因为事情并不可能总是沿着一条直线发展。因此，我们希望你能参照随后的范例，去找到适合的方法调整你家的家庭结构和家庭氛围。你可以参照本书前面所提到的"海上航行"，也就是说，你需要有一个健康的航海环境，这个环境能够支持与促进你的成长与发展。在这个环境中，你知道具体的规则，也知道在有困难的时候应该向谁求助。

具体范例

一位带着两个十几岁女儿的离异母亲认识了一个男人，但是他们发现越来越难以找到合适的方式去组建新的家庭。这个男人有一个快成年的儿子，性格沉稳、有教养；这个女人的两个女儿却是十几岁的疯丫头。这个男人对于家庭应该怎样有着非常明确的观点，儿子就是他这一教育方式的最好证明。而这个女人对家庭的看法却完全不同于他与前妻所构建的家庭。随后他们很好地思考了他们想要的是什么样的家庭。尤其是让他们明白了家庭由不同的人所组成，各有不同，重要的是要让它能够适合所有家庭成员。

第5章　家庭心智化：童年经历对你的育儿模式的影响

你该怎么做

一个心智化的家庭应该是：

- 拥有让大家进行学习与成长的空间；
- 能够适应外部环境的变化；
- 能够适应家庭成员的成长与发展；
- 家庭成员相互依恋；
- 能够意识到这种依恋既会带来强烈的情绪，又会带来心智化失败；
- 对其他家人有能力进行改变与成长抱有信心与希望；
- 给家庭制定了明确但又灵活的边界与界限；
- 没有要求大家必须采取某种具体的特定思维方式；
- 认为需要以一种相互尊重彼此观点的方式去解决问题与争端；
- 有兴趣了解彼此内心的想法；
- 父母会留心观察与关注大家的心智化表现，并不吝于大加赞赏；
- 会不断地信任彼此。

利用你的家庭地位营造出心智化的家庭氛围

不管是什么群体，都会存在等级结构。在家庭中，这也是绝对有必要的。理论上，父母居于等级结构的顶层，拥有给家人分配任务和制定明确边界的能力。这也是有道理的，因为育儿其实就是教育子女，什么都与学习有关，父母居于顶层地位就可以使父母照顾孩子、传递知识，促进孩子充分发挥他们的心理潜能。

在等级结构的顶端,最好是父母之间的地位平等且相互支持:他们会试图去理解对方的观点,在价值观和规则方面能够保持一致。父母需要有正直的品格、明确的边界要求,但不要过于客观、公正和死板。他们要构建出一个框架,以便家庭从心智化角度去解决可能出现的任何问题或冲突。

即使是一个理想家庭,家有十几岁的孩子对于位于等级结构顶端的父母来说也是一段难熬的时光,但这是非常正常的。青春期的孩子正努力尝试着成为一个成年人,他们最终会去管理自己的家庭。如果你问青少年在家庭等级结构中处于何种位置,他们通常会说在最顶层。

若是将家庭中的等级结构颠倒过来,将父母的需要放在孩子需要的前面,这是非常不可取的做法。最坏结果就是孩子们会觉得照顾大人的身体与情感需求是他们的责任。最好还是父母居于家庭等级结构中的顶层,但千万要记得保持一定的灵活变通性。比如,如果一家人去爬山,若10岁的孩子比父母更擅长看地图,那么可以由孩子决定该怎么走。当十几岁的孩子再长大一些,让他们偶尔担任家庭等级结构中的父母这一职位是一种比较好的做法。但在其他时候,父母必须要保持住自己在家庭等级中的高层位置。

建议与可行策略

建议你把自己在家庭结构中的等级位置看作传授知识的

第5章 家庭心智化：童年经历对你的育儿模式的影响

一个位置。如果你尚未处在这一位置上，那建议你返回本书的第1章，再去研读一下权力与认识性信任方面的内容。

具体范例

有一个男人是在一个等级森严的家庭中长大的。等他成为一名父亲后，他很想建立一种更温和的家庭结构。在他为人父的过程中，他成功做到了对女儿的耐心倾听，积极参与女儿的成长与发展。然而，当女儿长到十多岁的时候，他受到了挑战。在为家庭度假制订计划的时候，他提出的所有建议都被拒绝了，女儿的态度不断发生变化，既不想去他所建议的地方，也不说出想去的地方。

他们对此讨论了很长时间，父亲努力在这个过程中去照顾女儿的感受，但他感到在大人与孩子角色这一方面正在超过他的界限。最后，他与妻子决定一家人就去海边度假。令所有人都吃惊的是，女儿完全遵从了家庭的等级结构。

你该怎么做

- 父母通常居于家庭等级结构的顶端。
- 家庭等级结构可能因不同家庭情况而有所区别，如孩子的年龄、能力或其他特殊情况。

以下一些问题可能有助于你对家庭等级结构的思考：

- 你的家庭等级结构是什么样的？谁在等级的最高层位置？

- 家人当中是否存在着影响等级结构的联盟，比如父亲与孩子、母亲与孩子？这种做法合适吗？
- 父母是否利用了自己在等级结构中的位置营造出一个心智化的家庭氛围？
- 父母是否拥有那些必要的权力？孩子们是否需要限制与指导？孩子是否被要求去做出那些让他们感到不安全、无助或让他们觉得自己无能的决定？
- 父母是否将孩子当作了讨论时的棋子（父母与孩子这一三角关系），让他们必须在父母之中做出选择，从而将他们置身在没有赢面的局势下？

家庭成员既要有归属感，又要有明确的外部边界

家庭是孩子一生当中加入的第一个社会群体，也是孩子了解群体如何运作的第一个地方。家庭成员构成了一个群体，因为它有着将家庭这个单元进行明确区分的边界，明确界定了谁才是以及怎样才能成为这个群体的成员。当然，在边界的灵活性上，不同的家庭会有所不同，因此不同家庭的凝聚力以及对外界环境的开放程度也各不相同。

有学者认为，理想的家庭应该有透明的边界。其特点就是家庭成员对家庭这一社会群体有着强烈的归属感，同时又能明确感受到外部边界的存在，不过，家庭也对周围环境保持着开放性。所有家庭成员都能感受到自己是家庭的一分子。虽然存在着明确的家庭结构，但是也保持着开放性。家庭对外人是欢迎的，同时又有着"我

第5章 家庭心智化：童年经历对你的育儿模式的影响

们"是一起的这种明确感受。

家庭的外部边界若是封闭的，则会使其成员的注意力倾向于内部，可能会固步自封，对世界缺乏好奇心，甚至对入侵者产生敌意。那些尝试与家庭之外的人建立关系或对其他家庭结构抱有兴趣或热情的成员，则可能会遭遇冷漠对待或引起家中其他成员的愤怒。

一个外部边界完全开放的家庭，则会使成员觉得彼此完全疏离。这种家庭实际上是没有任何边界的——家庭成员都像空气一样自由，父母没有承担起他们的角色，让孩子随心所欲。可能进餐也没有固定的时间，年纪较大的孩子在别人家待了好几天也许都不会被人注意到。

当一个家庭经历了别人的恶意时，其外部界限就可以划定出来了。此外，诸如疾病、压力或缺乏使一个家庭团结在一起的能量等负面经历，也会模糊家庭的外部边界。

建议与可行策略

通常来说，你会根据自己在小时候所属的第一个家庭中的经历去构建你现在的家庭。因此，你可以独自坐下来，或与你的伴侣一起，认真审视你们现在的家庭，看看你们的个人经历是如何影响了你们现在所共同创建的这个新家庭。

> **具体范例**
>
> 有个外部边界封闭的家庭住在一条安静的街上。在一个冬日，孩子们在回家吃晚饭前与街上的其他孩子一起玩。吃饭的时候，孩子们兴奋地聊着玩雪的快乐时光，但很快这个话题便被他们的父亲打断。他愤怒地说起与邻居就除雪这一事情上所发生的争论，责备邻居没有清扫掉那堆挡住他车道的积雪，并大声说道："他们都是住在附近的蠢货，为所欲为、不关心别人，所以我告诉你们，最好离他们远点！"

你该怎么做

- 将你的家庭当作一个整体，仔细看看你家的外部边界状态，以及对外界的开放程度。家庭有三种外部边界状态，即透明边界、严格边界和无边界。
- 你觉得你儿时所在家庭的家庭结构在哪些方面影响了你为现在家庭所进行的边界设置？
- 其他人如何评价你的家庭和你的家庭的外部边界？
- 你觉得你的孩子长大后会怎样描述你现在的家庭？

家庭成员之间既要保持灵活的边界，又要有足够的个人空间

每个家庭都需要不断地反思是如何去处理家人之间的亲密关系以及各自的自主权与隐私权的。当涉及家庭成员之间的边界时，我

第5章 家庭心智化：童年经历对你的育儿模式的影响

们会将那些愿意与家庭成员共同分享的东西与那些不愿意分享的东西区分开来，因为那与个人有关，是你的隐私。

理想的家庭是取得了平衡的家庭，家庭成员之间有着灵活的边界与自然的空间（参见图 5-3）。这种家庭是一个整体，有着明确的边界，同时又是开放的、慷慨的。家庭成员有权保有自己的个人边界——他们的心理状态对其他人来说是透明的，但同时有权保留自己的内在精神世界。

自然边界
成员对彼此的感受和想法感兴趣，并尊重彼此的边界

无边界/共生

牢固的个人边界，没有凝聚力

图 5-3 家庭成员之间的边界示意图

若家庭成员之间没有边界，那你可能会体验到心智化有时候会突破个人边界的情况（见图 5-3）。比如，母亲可能觉得自己一定要知道孩子的感受是什么，不认为孩子要保有这些秘密。这样的家庭可能看似很心智化，但通常情况下，没有边界反而会让家庭成员觉得自己被误解了，会感到孤独。你可能觉得自己能非常准确地知道别人心里在想什么，但这可能是错觉，因为你永远无法确切地知道别人的内心体验。

若一个家庭的边界很严格并且家人之间保持着很大的距离,那么每个成员的内心世界是与其他成员完全隔绝的。成员间不知道别人在想什么,也不知道他们内心深处的感受。父母与孩子都独来独往,大家的感觉都是"我的感受与你无关"。

建议与可行策略

随着孩子年龄的增长,他们会越来越需要自己的私人心理空间。因此,过去那种开放的边界将会被关闭。在这一过程中,重要的是家庭需要在此过程中去适应孩子的成长,并保持尊重。

具体范例

在一个来自不同婚姻的重组家庭中,可以清楚地感受到内部边界的差异。母亲与她的亲生女儿总是保持一致,而父亲与他的亲生儿子们在情感上总有清晰的边界。男孩们的母亲离开了,并有了新的男朋友。女孩的母亲不理解为什么男孩们的父亲不询问他儿子的感受。但父亲坚持认为,儿子有权拥有属于自己的"空间";相反,母亲每天都会给她的孩子打几次电话,总想知道她们的感受如何。她觉得,孩子们总会有心情不好的时候,而她们也一定会需要她,即使事情并非如此。这些内部边界的差异也在生活中体现出来。当衣服洗完后,父亲会仔细

> 地区分开来，然后将它们分别放到儿子们各自的衣柜中，这些衣柜上贴着明确的标签。而母亲和她的女儿则会互相换衣服穿，借用对方的化妆品，对于毫无边界地与对方分享自己做的事情以及想法和感受。

你该怎么做

- 一般来说，你应该有保持个人边界的权力，但不应该彼此太疏离，以至于彼此无法接触。
- 你可以仔细思考一下，家人对于自家的家庭边界有着怎样的感受与体验。
- 你可以给你家的情况画一幅图，以显示家人之间谁与谁是彼此接近的，谁又与大家很疏远。
- 你可以与你的配偶一起思考家庭之中的界限，评估一下家庭成员之间的边界是否合适，某个家人是否需要更多的个人边界与隐私空间，某个家人是否与大家太过疏离、需要采取措施让大家更密切一些。

每个家庭成员都应保留一定的心理边界

内部边界指的是每个家庭成员的心理边界及其灵活性。当我们体验到强烈情绪或觉得生活很艰难时，会有着各自不同的处理方式。在本书中，我们运用心智化理论来阐述这些反应方式。在心智化理论中，我们对困境的反应被视为我们的心理因负荷过大，以至于无法维持心智化所须设立的边界。用来描述这一过程的术语并非我们所想象的那么简单,但最为重要的并非术语本身,而是当我们有了这种感觉的时候,能够识别它、理解它。

目的论模式这一术语指的是一种思维方式。在这种思维方式下,你认识世界与事物的方式是进行具体的理解。就育儿而言,在孩子以某种方式去行动的时候,你可能会认为,他们的学习必须要通过具体的方式才能进行,甚至只有让他们感受到了其行为所带来的身体上的后果,才能让他们学有所获。

第二种反应方式被称为心灵对等模式。在这种思维方式下,你所感知到的现实会被自动地认为是事实,即把外在事实与内在体验对等起来,体会不到其中的区别。比如,如果你觉得你女儿之所以不想做作业,是因为她不关心自己的生活,那么你会认为这就是现实。

最后一种反应方式被称为伪装模式。在这种思维模式下,你的心理状态是与现实脱节的,并没有以一种灵活的方式去对应现实。这种模式下,人们可能会表现出"心理唠叨":"我什么都可以为她做,但她太敏感,我们之间根本不可能找到适应彼此的方式。"在伪装模式下,人们会倾向于理智化,并不能真的在情绪上与他人建立联系,并常常用一些陈词滥调去表达自己。

在心灵对等模式下,体验变得太过真实,把人淹没;而在伪装模式下,体验又变得太不真实,是分离和孤立的。前者体验太多,人被情绪所淹没;而后者体验又太少,人变得很僵化,缺乏灵活性,固着于幻觉般的稳定性中。①

---

① 因原文对这两种模式介绍较少,不便理解,故增加本段内容。——译者注

第5章 家庭心智化：童年经历对你的育儿模式的影响

> **建议与可行策略**
>
> 你可以在心里回顾一下自己的内部边界以往被测试时的情况：你注意到自己当时的体验是什么了吗？你是否看到当时的自己正在确定一个具体的、实际的解决方案？或你当时是否相信只有一种方式才能正确地感知现实，那就是你的方式？或你当时是否被一些想法和推测所淹没，而这些想法和推测阻止了你去了解自己以及孩子身上所发生的事情？

> **具体范例**
>
> 艾米和布拉德的儿子路易斯早产三个月。他身材矮小、身体虚弱，很容易受到感染。因此这对新手父母变得特别注意家里的卫生，会确保所有的东西都清洗干净。他们也对儿子所发出的信号特别敏感。一切都很顺畅，但等他开始学会爬时，一项巨大的挑战就向这对父母袭来。布拉德想把所有的东西都做好儿童保护措施，而艾米则感到特别地沮丧和焦虑。她认为路易斯为了惹恼她而故意从她身边爬开，她也看不出这是儿子自然成长过程中的一部分。布拉德试图从目的论模式去应对挑战，而艾米则被固着在心灵对等模式中。

你该怎么做

- 当我们不是处在心智化状态下的时候，我们通常可能使用了前面所述的三种思维模式中的一种或多种。

- 你是灵活性很大，还是刻板、僵化的？
- 你会如何去应对外部的挑战？
- 你是否会采用目的论模式的立场，觉得有必要去采取行动或做一些事情？
- 你是否会采用心灵对等模式，让自己相信"我对现实的看法就是正确的看法"？
- 你是否会采用伪装模式，让你的心理状态与现实分离？
- 你可以回顾一下你以往使用目的论模式、心灵对等模式和伪装模式的例子。当时的情况怎样？当时你在想什么、有什么感受？是什么让你摆脱了那种心理状态进入到更为心智化的状态下？其实，仅仅反思行为的原因就是一种心智化。这种方法也是让你的心智化能力得到锻炼和发展最好的方法。

第 6 章

育儿过程中的各种挑战，你该如何应对

在本书的开头，我们就承认为人父母并不容易。在这一章中，我们将讨论在养育孩子过程中父母可能会面临的一些具体挑战，并试图阐述怎样做才是良好的育儿方式，比如要陪孩子玩耍、与孩子进行身体上的接触、与孩子进行严肃的谈话，以及鼓励孩子兄弟姐妹之间以及父母之间互动时要进行心智化。如果你在育儿过程中遇到了困难，或你正在寻找方法去处理一些反复出现在育儿过程中的挑战，那么你可以好好看看本章。在本章中，我们试着运用前面介绍的所有理论与模型来解决这些问题。此外，我们还参考了心智化理论以及儿童发展心理学方面的最新研究。

在本章中，我们首先提供了一些方法以便你为家庭以及孩子营造出一个良好的环境。特别是本章重点讨论了为人父母时所面临挑战中的一些常见主题，比如孩子的羞耻感和内疚感、与孩子的严肃谈话、子女之间的竞争、孩子的性教育、冲突、边界感、说谎。本章的其余部分探讨了一些更为严肃的话题，比如悲伤、饮酒行为、创伤与欺凌，这些方面虽然不是每个家庭每天都需要去处理的日常事务，也不是父母要长时间面临的问题，但都要求父母去处理。

本章的末尾是"空巢家庭"，这也是本书的结尾。在某一个时刻，孩子终将离开家庭，离开他们的原有巢穴，而父母也会遇到一个新的挑战，那就是成为孩子为寻找安全感而返回的安全港，同时他们还要在孩子不在身边的情况下开启自己的新生活。

第6章 育儿过程中的各种挑战，你该如何应对

多陪孩子玩耍，给孩子足够的安全感

苏联儿童发展心理学家列夫·维果茨基（Lev Vygotsky）曾经说道："孩子在玩耍的时候总是表现得高于他所处年龄段的平均水平。"也就是说，在玩耍的时候，孩子能够做到他还没有完全学会的事情。孩子自出生开始，就可以和大人一起玩了。对孩子来说，玩耍为学习和发展新技能打开了一扇大门。比如，通过玩耍，孩子能够学习情绪的表达、了解周围世界，以及发展自己的身体与运动技能，还能探索其他的观点与视角，以及在实践中去学习应对困难的方法。

玩耍是孩子试验尚未发展完全的情绪情感能力和各种技能的温床。这必须得到支持，甚至是保护。玩耍的好处在于它是快乐的，是内在动机——正是由于"只是在玩"。玩耍对于心智化能力的发展也非常重要，因为它能够让孩子去了解自己、了解他人。同样，角色扮演游戏也是一种让孩子尝试进入另一个人的内心并体验他人心理状态的良好方式，比如，我是婴儿、我饿了。

建议与可行策略

有些父母发现很难和孩子玩到一起，也许是因为他们小时候父母没有和他们一起玩。不过请记住，孩子并没有对"你是父母就需要怎样"有任何期望。能够和孩子一起分享这一

刻并享受它,对孩子来说就是奖励。孩子若想沉浸在玩乐中,需要的是安全感。

具体范例

圣诞节那天,有一位父亲和他的儿子打开了一个巨大的乐高积木玩具盒,里面是一个城市中心模型。父亲觉得"这太棒了",觉得这是一个非常好的机会与儿子讨论城市的功能及其对人们日常生活的影响。父亲找到了说明书,然后开始将里面的积木碎片分成了几堆。儿子在组装一个塔楼时,将一根圣诞装饰用的树枝和一张厨房纸巾放在了建筑周围的景观中。父亲本想拦住儿子,告诉他只能用乐高积木,但他克制住了自己,因为他看到儿子用积木混合其他东西的时候玩得很开心。父亲也学着儿子的样子,从家里的圣诞装饰中拿了一些小精灵放在了城市模型中。男孩抬起头,咧着嘴笑了,然后他们开始讨论他们正在搭的模型。

你该怎么做

- 每天陪孩子一起玩。不一定需要陪很长时间,重要的是你要这么去做。
- 要给出一定的时间让孩子去主导玩耍。
- 在有趣场景出现时要记得加入。
- 你需要记住玩耍本身就有内在激励的作用,孩子在玩耍中能够学习很多东西,记住这点能够帮助你认真地对待孩子的玩耍。

通过陪孩子一起玩，你可以让他们觉得他们的世界很重要。

- 别让你的想法干扰了游戏——孩子的玩乐并不总是符合你的期望。
- 别局限于玩玩具。你们还可以玩藏猫猫、玩球、在对方背上贴画玩、拥抱、吹泡泡、捉迷藏、打滚、嘴里发出不同声音、嬉闹或记东西，等等。

多给孩子一些拥抱，让孩子感觉自己很重要

千万不要低估身体接触与拥抱对孩子的重要性。在 20 世纪 40 年代中期，精神分析学家雷纳·斯皮茨（Rene Spitz, 1945）发现了身体接触对儿童生存的必要性。他的研究表明，缺乏身体接触会导致儿童出现身体发育障碍，并有着更高的死亡率，即使他们的基本需求（比如食物和饮水）得到了满足。

从心理层面来说，身体接触能够让孩子感到自己很重要，感到自己是被爱、被保护的。身体接触与拥抱不是一碰就完事的那种肢体接触，而是会在我们的身体上和头脑中留下深刻的印象，让我们感到彼此相连。我们的皮肤中分布有感觉受体，即使是那些最轻微的触摸也能够被记录下来，并向大脑发送信号，然后大脑会释放催产素（也称为"爱"或"拥抱"激素）。当我们拥抱、握手或皮肤接触时，这种激素就会被释放出来。催产素具有多种功能。它能增强我们的免疫系统、缓解疼痛，通过降低皮质醇水平来减轻压力、减慢心率，由此降低血压。催产素的效果因具体情况不同而有所差异。公共汽车上身体的意外接触效果不如熟人或

亲属之间的接触。在后一种情况下，身体接触增强了彼此之间的关系。

随着对性侵犯的日益关注，有些父亲害怕与自己女儿进行身体接触，这是一个遗憾。当涉及与孩子的身体接触时，所有成年人都需要利用他们的常识，尊重人与人之间的界限，了解孩子的成长与发展，只有这样，才能让身体接触对亲子互动产生积极效果。而发生争执或冲突后的拥抱则是一种修复关系、安抚孩子的良好方式。

建议与可行策略

十几岁的青少年通常对与父母的身体接触不大感兴趣。那么，要如何给这些孩子"爱"的激素呢？你可以陪他们玩闹，或给他们做足底按摩、后背按摩。

具体范例

杰米虽然只有十几岁，但是长得高大，身高超过6英尺[1]，尽管他不喜欢与父亲或母亲有身体接触，但每当他在足球场辛苦训练一天之后，他就特别喜欢父母能给他做个足底按摩。而这通常是他们在一起时最舒适的放松方式之一。

---

[1] 1英尺 ≈ 30.48 厘米。——译者注

第 6 章　育儿过程中的各种挑战，你该如何应对

你该怎么做

当年龄较小的孩子出现强烈情绪时，视线水平高度的身体接触会对孩子产生安慰作用："来，和妈妈坐在一起。""我们去拿下你的毯子，然后我们可以坐下来谈谈是什么让你这么生气的。"因此，我们建议：

- 从你的孩子还是个婴儿起，就要与他进行身体上的接触；
- 若你的孩子焦躁不安，那么可以轻轻地将手放在他的肩膀上；
- 给孩子一个自自然然的拥抱。

要有将身体接触融入到日常生活的观念：

- 陪孩子打滚、打闹、游戏；
- 给孩子揉脚，或捏他的身体；
- 用手指在孩子背上画画，然后让孩子猜猜你画了什么；
- 同孩子玩翻手打手背游戏（切记要轻柔）；
- 同孩子玩寻找胎记；
- 逐个轻轻地拉动孩子的手指。

有时，对孩子旁敲侧击比说教更管用

你和孩子的第一次沟通是一种非言语沟通，而这种沟通模式的重要性会持续体现。即使你的孩子长大了，非言语信号也很重要。比如，你可以通过你的眼神、语调或语言，让他们了解到你想与他们说话。对于与孩子沟通这件事，我们在第 2 章中提到的海上航行中的所有知识点都非常重要，尤其是其中提到的保持开放心态以及

选择合适的方法与合适的时间这几个方面。

下文我们罗列了一些你与孩子沟通时需要牢记在心的事项。在此，我们着重讨论助益性独白的沟通技巧，也就是你可以讲述自己儿时的经历、其他孩子或年轻人的经历来反映孩子的情绪。比如，如果你的学龄前孩子为了在外面过夜而担心，那么你可以给他讲一个你的童年故事："在我还是小女孩的时候，我在朋友家过夜常常担心会尿床。"

为了能够有效地帮助你为助益性独白寻找到灵感，你可以借助一下情绪罗盘。比较好的做法是将愤怒、快乐、恐惧、悲伤当作你反映情绪的支柱。这不仅能够帮助孩子更好地识别情绪，也能帮助他们更好地对情绪进行概括。重要的是你不要对孩子的情绪与体验有先入为主的看法，而是要给孩子足够的时间与空间，以便他们了解自身的体验。因为孩子对情境的体验可能与你的看法不一样。

如果你想激励孩子让他们以某种方式去行事，那么在孩子表达出自己想要改变的意愿时，你要特别留心："我认为数学真的很难，我想多练习一会儿。""我希望我能学会控制自己的脾气。"这样的表述之所以重要，是因为我们更愿意被自己所说的话或我们自己的观点所影响，而非他人的灌输。

建议与可行策略

在你做其他事情的同时与孩子进行沟通，比如开车，因

第6章 育儿过程中的各种挑战，你该如何应对

为这样你不会激活对方的镜像神经元。有时旁敲侧击会带来一场美好的沟通。

具体范例

> 简的儿子已经十多岁了，她担心儿子已经学会了抽烟。有一天，当她与儿子一起坐在车里时，她谈起了十几岁就开始抽烟的叔叔彼得。他身上总是有一股烟味，至少每个小时就偷偷溜出去抽一次烟。她一直不明白，彼得的父母为什么就没有注意到这点。接着，简继续说起彼得是那种只要抽过一支烟就会永远抽下去的人，不过关于上瘾这一问题，人与人是不同的。她的儿子告诉她说自己曾经抽过一支烟，不过他的朋友都不想尝试，后来还有几次别人邀请他一起抽烟，但他拒绝了，因为他不想身上有烟味。接着简告诉他说，很为他骄傲。

你该怎么做

调整沟通的内容，使之适合孩子：

- 要找到沟通的"入口"（详见第2章中"入口"部分）；
- 要考虑你与孩子的"容纳之窗"（详见第2章中"容纳之窗"部分）；
- 要保持主动性与注意的广度；
- 要关注当时的情境；
- 要考虑孩子的年龄与发育水平；
- 要让孩子体验到安全感；

- 要考虑孩子的语言能力；
- 要让孩子有机会表达他们自己的想法或感受；
- 孩子要有沟通的欲望与需求。有的孩子话多，而有的孩子则话少。要尊重你的孩子。性别角色可以在这方面发挥作用。

建议在沟通时：

- 为对话创造节奏；
- 提一些开放式的问题。
- 多描述、少提问，沟通效果会更好；
- 做出你在倾听的表示。比如，重复所说的话；
- 较好的做法是添加一些与孩子有关或对他们有用的内容；
- 采用"助益性独白"技术；
- 如果孩子说了一些让你感到震惊的话，你要注意这是你难得的机会去实践自我控制、负责任与心智化。千万不要破坏你们这次的交流，要留心细节；
- 判定对错并不会促进谈话，所以必须少做评判。我们只能希望孩子偶尔会把父母的立场放在心上；
- 当孩子表达了改变的意愿时，你要特别留心。

教会孩子如何融入群体当中

身为父母，始终要面临的一项挑战是要教孩子融入社会群体，教他们理解社会中的等级结构，以及虽然不一定同意他人的观点与态度，但仍然要保持尊重。幸运的是，父母可以让自己成为一个心智化行为的榜样，你首先要表现得自我控制、负责任、心智化。

第6章 育儿过程中的各种挑战，你该如何应对

当多个孩子在一起的时候，比较容易出现心智化失败的情况；而且最糟糕的是这一情况甚至会延续到家长群中。比如，两个孩子因为玩具吵架，或者班上同学有可能分成对立的两个小组，这就可能导致孩子的父母在见面时不再如往常那样相互寒暄。

作为父母，你有两种办法去激发多个孩子在一起时的心智化氛围。首先，你可以将心智化行为教给你的孩子，鼓励他们对别人的心理状态及其表现保持好奇心；其次，你可以刺激其他父母的心智化行为。当你在家长会、孩子生日聚会或接孩子遇到其他家长时，你可以将大家的注意力引导到孩子的心智化氛围上。

建议与可行策略

大人必须要表现出成年人的样子，必须对心智化失败负责。那个首先注意到心智化失败的人，有责任将心智化带回大家的互动中。

具体范例

艾瓦的妈妈正在与艾米莉的妈妈通电话，以决定她们的孩子参加完周末聚会后谁去接她们。艾米莉的妈妈说："我担心会有人在聚会上吸大麻。"艾瓦的妈妈回应道："噢，我正在想自己要不要种点大麻，这样的话，我至少可以确保她们抽一些高质量的。"艾米莉的妈妈的第一反应就是想将这件事情告

诉自己丈夫以及其他愿意听这事的人，告诉他们艾瓦的妈妈的做法是多么不合适、欠考虑。不过，她克制住自己，解释了为什么自己认为九年级的女孩抽大麻是不合适的。

就在这时，艾米莉闯进房间，把书包"砰"的一声扔进角落，抱怨道："我们老师真是太糊涂了。竟然让我们写一篇关于现代耕地的文章，这个题目真是太荒唐了，没人会喜欢的，而他竟然给了我一个很差的成绩。他的脑袋真是被门夹了。我不想再上他的课了。妈妈，你可以向学校投诉他吗？"

艾米莉的妈妈耐心听着，问女儿认为老师为什么会选这样一个主题。最后，艾米莉解释说可能是因为学校现在正在做一个与农业有关的主题周活动。妈妈耐心听着，当她觉得艾米莉的情绪调控得比较好的时候，告诉艾米莉说了解一点我们自己的起源还是很重要的。

你该怎么做

- 你要起引路作用，并以身作则、成为一个好榜样——做到自我控制、负责任与心智化。
- 你要鼓励孩子灵活变通，鼓励他们去看到行为背后的原因。要支持与鼓励孩子进行心智化。
- 你可以和孩子聊所遇到的情景以及经历，帮助孩子将他们对别人心理状态的看法与猜测说出来。
- 你要鼓励与支持孩子成为一个能够给其他孩子展示如何进行心智化的榜样。
- 你在和其他家长接触的时候，要对他们进行心智化，要与他们沟通，而不是对他们头脑中正在想什么形成定式。
- 你要利用自己身为家长这一优势去影响你孩子身边其他同伴的家长，再由他们去影响他们的孩子。你要鼓励他们去看到不同的观点，促使他们去考虑为什么其他人会有不同的做法。

帮助孩子养成良好的睡眠习惯

对儿童与青少年的成长来说，充足的睡眠是必不可少的。如果身体在夜间得不到所需要的休息，那它在白天就不能正常工作。若要入睡，孩子就必须返回到父母这个安全的港湾。对大一点的孩子来说，只要知道安全港湾在自己需要的时候会在那里就足够了，但对于年纪较小的孩子，大多在睡觉前需要与父母有一个心智化的时刻。

对于睡眠这个话题，重要的是要有界限和良好的习惯，比如有固定的就寝时间与起床时间，睡觉前不要做过于兴奋的活动，而是做一些较为安静、活动量不大的事情，另外就是要养成一些小小的就寝仪式。通常来说，儿童的睡眠模式与他们的年龄有关。婴儿通常需要大人抱着、轻轻拍着才能入睡。对于幼儿来说，那些让他们感到安全的日常习惯以及可以带到床上的东西对他们是有好处的，比如泰迪熊或安全毯。对于那些尚不能对自己的身体进行调节的孩子来说，你腾出点时间给他们读读睡前故事是个不错的办法，这可以帮助他们平静下来，并安然入睡。

对于年龄较大的孩子，睡觉之前让他们避免吃糖、不进行过于兴奋的活动以及限制屏幕时间，会有助于他们平静下来。孩子到了青春期之后，身体的发育速度很快，所以他们需要大量的睡眠时间；此外，他们的睡眠—觉醒周期也会推迟，也就是说他们睡得晚、起得也晚。

儿童与青少年睡得不踏实或经常醒来，感到难以入睡或烦躁不安是很正常的。我们每个人的睡眠周期都会有所不同，不论大人还是小孩，没有哪个人，能够每天晚上能一觉睡到大天亮的。重要的是要认真对待睡眠困难或睡眠障碍，并采取不同的方法去改进。

建议与可行策略

重要的是要在孩子入睡前帮助他们解决白天与别人发生的争执或不和。他们的焦虑、愤怒或与朋友、父母、其他兄弟姐妹之间的争端都必须解决好。父母可以以身作则，给孩子做个好榜样，记住"烦恼不过夜"这句话。

具体范例

玛丽安是一位有着三个孩子的单亲母亲。每天晚上在孩子睡觉前，家里都变得一团糟。她十几岁的女儿贝拉要听音乐，这也是一天中她想和母亲聊天的时光；三岁的女儿艾萨克想要

第6章　育儿过程中的各种挑战，你该如何应对

> 妈妈一直陪着她入睡；九岁的儿子梅森如果不在特定时间睡觉，就会变得特别疲劳，在客厅大吵大闹。为了让自己占据更为主动的地位，玛丽安与孩子们一起坐下来就就寝时间、就寝仪式和日常习惯这几个方面达成了一致。这样一来，她就能在所有孩子入睡前陪伴他们了。

你该怎么做

如何培养孩子的良好睡眠习惯？你可以从以下几方面入手：

- 在孩子入睡前，一直陪着，直到他睡着；
- 培养孩子形成良好的睡眠周期习惯：不管睡多长时间，每天都在同一个时间点睡觉、同一个时刻起床；
- 让孩子做好入睡前的准备：10分钟后你必须去刷牙，然后就该睡觉了；
- 让孩子避免在入睡前做一些容易感到兴奋的事情，比如看电视、玩电脑，手机等电子产品；
- 养成一些就寝仪式和习惯；
- 若白天与人发生过争执或冲突，在入睡前要解决好；
- 如果心里有担心或焦虑的事情，那么在入睡前可以先和别人聊聊或用笔写下来。

如果睡眠不好或出现了睡眠困难，你可以尝试以下做法：

- 听一些轻柔的音乐，比如音乐疗法或某些App程序中有助眠效果的音乐；
- 睡前好好洗个澡，可以洗长一些时间；

- 睡前做做按摩，或做一些放松练习；
- 可以故意打下哈欠（实际上很有效），或躺在床上闭上眼睛在心中从1开始数数；
- 可以在睡觉前喝一杯加了蜂蜜的温牛奶；
- 可以听听由主要照顾孩子的人录下的、他们平时安抚孩子睡觉的录音；
- 可以做做呼吸练习：先吸一口气，然后屏住呼吸，在心中数到7的时候呼气；
- 在心中想一些能够安慰自己的想法："偶尔睡不着或出现睡眠问题是一件很正常的事情。"
- 若有需要的话，盖上安全毯（即一直陪伴你的、令你感到舒适安全的物品）。

绕不开的话题——孩子的性教育

孩子天生就对性很有兴趣。性的发展也是遗传与环境相互作用的结果。但是孩子对性的体验不同于其他体验（比如情绪状态），因为这时候父母的任务不是去镜映这些体验，而是要让孩子在不会觉得羞耻或不会觉得这么做不好的情况下去发现和探索对性的感受。身为父母，你的工作是要让孩子知道，对性感到好奇很正常，但是对于如何表达性应该有明确的规则。

幼儿会慢慢地对自己的身体进行探索，发现怎样才会让自己愉悦，对自己的生殖器官感到好奇也是非常正常的。两岁左右的孩子对男女两性之间的差异特别感兴趣：谁有阴茎、谁有阴道。从三岁开始，孩

第6章 育儿过程中的各种挑战，你该如何应对

子开始对一些与性有关的游戏感兴趣，也有可能会学着说脏话。

孩子对爱的首次体验可能主要是围绕着父亲、母亲或其他负责照顾他们的人。在九岁左右，他们可能会特别喜欢某个流行歌星，随后，他们喜欢上的人可能是学校老师或体育教练。他们并不会将这些感受表现出来。这只是孩子们早期体验到的与爱和性有关的强烈情绪而已。

青少年对自己的性取向和性欲望更具探索性。事实上，人们直到青少年时期才开始将自己对性的感受理解成性的表达。同样，也是直到青少年时期，人们才能够真正体验到自己只是一段关系中的一部分。在这段关系中，你对性的感受会被对方所认可并被对方镜映出来。这是父母不能、也不应该试图去镜映孩子感受的少数几个领域之一。在丹麦，首次发生性行为的平均年龄多年来一直保持在16岁左右，美国是17岁。但是就不同的个体而言，首次性行为的年龄差距是非常大的。

建议与可行策略

孩子们很快就知道可以通过互联网去查阅与性有关的信息。比较好的做法是要与他们谈谈，告诉他们在网上所看到的性方面的信息并不符合现实。实际生活中的性爱行为并不是互联网上所看到的那些性爱视频中的样子，现实生活中正常人的身体也不是网络上所看到的那些裸体的样子。

具体范例

麦迪逊已经九岁了,她在社交网站 Instagram 上看到了一些女人洗泡泡浴的照片,然后就在自己洗泡泡浴的时候也拍了一张性感照,并上传到了她自己的 Instagram 社交账号中。她妈妈径直询问她上传照片的原因并温柔地告诉她,理解她为什么想在洗泡泡浴的时候给自己拍照。此外,妈妈还告诉她,现实社会中的成年人可能会从完全不同的角度去看待这张照片,有些大人可能会对孩子抱有一些本应该是对大人才该有的想法。最后,她们一致认为应该删掉这张照片。

你该怎么做

你该如何去促进孩子在性方面的正常发育?

- 不要让孩子羞于谈性,不要让他们觉得这方面的话题是令人尴尬的。
- 让孩子了解社会与文化能够接受什么样的性观念。
- 坦诚地回答孩子所提出的性方面的问题。
- 在你谈论性方面的话题时,要注意到孩子的界限。要尊重他们的界限,才能让孩子知道他在性方面有权保持他自己的界限。
- 孩子对别人的身体外貌与身体机能感兴趣是正常的。可以玩一些与成人的性行为无关的游戏。
- 孩子不知道应该在什么时候、什么地方以及怎样去接触其他孩子和大人的身体,这是非常正常的。你的工作就是要告诉他们这些。

第6章 育儿过程中的各种挑战，你该如何应对

你该如何保护孩子以避免他们受到性侵犯？

- 要让孩子知道生殖器官的正确名称，并具备与年龄相当的性知识。这样一来，如果有人摸了他们的身体或超出了应有的界限，他们就能清楚表达出来。
- 你要让孩子知道，如果遇到他们自己不明白的或感到不舒服的事，可以随时和父母说。
- 你要让孩子知道，如果有大人或比他们大的孩子摸他们的生殖器，他需要坚决反对。
- 如果你怀疑孩子可能受到了性侵犯，那你要保持冷静。如果父母能够保持冷静并进行心智化，孩子就可能只会出现有限程度的症状或延迟的不良反应，甚至根本不会出现后续症状。
- 如果孩子对自己的身体和自己有权保持界限有充分的了解，那么就可以很好地保护自己避免受到性侵犯。

帮助孩子克服羞耻感与内疚感

一岁之后的孩子开始出现羞耻感。当孩子感到羞耻时，会在身体上表现出来——他们会低下头、眼睛朝下看，或用手捂住脸。孩子之所以会发展出感到羞耻的能力，很可能是因为羞耻感是一种能够起到管控孩子作用的情绪。这个年龄的孩子已经有能力自己走动，但他们却是凭冲动行事的，行为具有探索性。羞耻感可能会起到一种暂停的作用（在进化过程中所形成的），帮助孩子控制自己的冲动或约束自己的需求。因此，孩子这种能够感受到羞耻的能力，可以起到保护作用。

231

羞耻感在儿童学习社会规范的过程中也会有一定的作用，其实，儿童的健康成长是需要他们在一定程度上经历羞耻感的。羞耻感是孩子健康发展的一部分，通过与父母的互动，孩子也会发展出内疚感。这是一种更为适宜的情绪，因为这与孩子所做的事情有关，而不是那种完全与孩子自身有关的"身体暂停"。相对于羞耻感来说，内疚这种情绪更为适宜一些，因为羞耻感对自身的伤害更大。由于羞耻感是直接指向你自己或你是谁，会使孩子隐藏自己、回避与人接触。而内疚是指向行为的，其功能是让孩子去改变那些不好的行为，让他们认错。你可以通过语言以外的其他方式，轻易让别人感到羞愧。你的语调或你的态度，都能够让孩子觉得他们自己是一个不好的人，也就是让他们产生羞耻感。

自豪这种情绪可谓羞耻感与内疚感的"表亲"。孩子需要表扬，这样才能让他们觉得自己是有社会价值的。因此，自豪可以促使孩子有着更为积极的自尊，让他们表现出更多的良好行为。

建议与可行策略

父母应该意识到，那些在容易诱发羞耻感的环境中长大的孩子，更容易感到威胁，并且也更容易与父母疏离。这些孩子更容易根据具体环境去调整他们的行为，更可能因为他们自身而感到羞耻，也更容易觉得自己应该为消极的家庭环境负责。羞耻与顺从很可能是孩子在无法做出战斗、逃跑或僵住反应的时候，让自己生存下来的一种方式。通常来说，羞耻感还能够

第6章 育儿过程中的各种挑战，你该如何应对

帮助孩子去理解那些毫无意义的事情（见表6-1）。

具体范例

当看到两岁半的女儿莎莉拽着自家小猫的尾巴时，妈妈告诉她说："莎莉，不要拽着它的尾巴，你要轻轻地摸它。"莎莉站了起来，走到墙角，低着头站在那里。莎莉的妈妈以前从来没有见过她有这样的反应，大吃一惊，急忙过去安慰女儿，紧紧地抱着她，并对她说道："来吧，我们一起轻轻地摸它。"

后来，莎莉妈妈开始担心起来，想知道女儿为什么对自己的批评会有如此强烈的反应。直到她的母亲告诉她说，莎莉在这个年龄，已经自然而然地发展出了感到羞耻的能力，她才明白。现在她作为妈妈的工作就是努力帮助莎莉对羞耻感进行调控，并努力将这个转化为内疚感、自豪，以及掌控感。

表6-1　　　　　　　　　孩子的羞耻感与内疚感

羞耻感	内疚感
指向核心自我——改变是不可能的 将自己孤立起来	指向行为——改变行为是有可能的 认错与道歉
保护自己，与他人保持距离、把自己与别人隔离起来 与愤怒有关 会分泌应激激素：皮质醇与促炎细胞因子 指向自身 在那些特别容易诱发羞耻感的环境中长大的青少年，更有可能实施暴力和犯罪，更有可能表现出自杀行为	有助于社交关系建立能力的发展 与共情有关 不会增加应激激素的分泌 既指向自己，也指向他人 那些学会了将羞耻感转化为内疚感的青少年，更可能从事志愿者工作，也可能是所在社区积极参加社会活动的人

你该怎么做

- 重要的是父母不要诱发孩子的羞耻感，因为这会让孩子对他们自己的情绪以及他们与父母的关系缺乏安全感。
- 父母需要给孩子解释清楚，说明是孩子的行为有问题，而不是孩子自身有问题，由此推动孩子将羞耻感转化为内疚感。
- 对孩子更有益的做法是父母要促使孩子表现出更多的良好社会行为，让他们体验到自豪感，而不是羞耻感。
- 当父母发现孩子出现了羞耻感并确保在冲突之后重建了关系时，要努力培养孩子的应对能力以及孩子将羞耻转化为内疚感的能力。
- 父母必须具备平衡孩子内疚感的能力，也就是说，能够为孩子的行为承担起相应的责任，以及能够为之道歉。
- 重要的是要能够根据孩子的发展水平，采取合适的方式去帮助孩子调节羞耻感与内疚感。孩子还很难控制自己的情绪，因此，他们有时候会感到羞愧难当。
- 十几岁的青少年特别容易产生羞耻感。幼儿的思维方式比较具体，但青少年则比较善于进行心智化，能够理解复杂的情绪与关系，也能够了解他们的行为对情绪与关系所造成的影响。

引导孩子学会与兄弟姐妹相处

孩子尝试与人交往的第一个社交环境是他们与其兄弟姐妹相处的家庭环境。在与自己手足的交往中，他们首先可以从彼此身上学习，并相互支持、取笑，或是相互孤立；其次，他们可以学会协商、合作和竞争；再次，他们能够从中学习如何去结交朋友、获得盟友，以及怎样获得声望；最后，他们还会慢慢了解社交环境中的等级结构，学会怎样让自己成功地获得他人对自己能力的认可。

孩子的兄弟姐妹还为孩子进行心智化练习提供了极好的机会。他们都非常了解彼此的内心世界，知道怎样才能给对方造成最大的伤害，因此他们会不断地利用这方面的信息去戏弄对方，以测试自己对对方心理的猜测。身为父母，有时候你很难记住孩子在他们彼此相处时可以学习哪些好的东西。有研究表明，2～4岁的孩子平均每个小时会打六次架。

孩子从与兄弟姐妹的相处中所获得的经验，会给他们的生活带来巨大的影响。他们会把这些经验运用到与其他同龄人的交往中，此外还会在家庭以外的世界中运用，并遵循与兄弟姐妹交往时所建立起来的社交准则。当然，孩子在和家庭以外的人交往时，也能获得一些新的社交体验，而他们也会将其带至与兄弟姐妹的相处中。不过，这一过程也并不总是没有问题的。比如，当妹妹知道自己也有权管事的时候，就可能会发生争执。在他们长大成年时，这些经历也会带入到他们的成年生活中。重要的是父母需要留心孩子在同胞关系中所处的不同地位。这些地位可能会在他们成年后对社交关系的处理方式带来极大的影响。

兄弟姐妹是那些唯一能够从家庭内部去感受家庭情况的人。因此，他们有独特的机会一起去反思那个影响和塑造了他们的环境。作为父母，你可以努力营造出一个能够让他们对所处家庭进行讨论与反思的氛围——哪怕吹毛求疵式的批判。这是一份让孩子终生受益的珍贵礼物。

建议与可行策略

父母若想孩子之间拥有健康的手足关系，最好的办法就是鼓励他们一起玩。你要为你的孩子们创造出其共同拥有的经历与快乐时光。请记住，孩子之间关系的最大问题并不是他们彼此之间的争执与冲突，而是他们彼此忽视、漠不关心。

具体范例

两姐妹在吵架。事态进一步升级，姐姐莱利对妹妹黑泽尔说："你在学校实在糟糕透了。"妹妹反驳道："你日记写的都是真的吧？你变成一个胖子啦！"瞬间，她们开始相互攻击对方的痛处。这时，父亲正舒服无比地坐在沙发上，考虑自己是否应该插手，直到他听见大女儿砰地一声关上了她房间的门。才过了一小会儿，妹妹试探性地敲了敲姐姐的门，问她想不想一起看 YouTube 上的描眉教程。姐姐莱利开门让她进去，几分钟后她们一起出门去买健康零食，因为她们要一起看电影。

第 6 章 育儿过程中的各种挑战，你该如何应对

你该怎么做

- 兄弟姐妹之间的亲密关系不可避免地会涉及争执与挑战，但这也给孩子学习如何处理关系、争执和心智化提供了许多机会。
- 重要的是你和你的孩子需要知道并接受这个观点，即争执与冲突是相互了解的人在形成亲近关系时必然会存在的组成部分。
- 你要允许孩子自己去解决他与兄弟姐妹之间的争执与冲突，只要他们能够解决的话。
- 你也要特别留心那些兄弟姐妹之间达成一致并相互合作的情况。
- 如果你要介入到自家孩子之间的争执与冲突之中，那一定要记得站在比冲突更高的点上去看问题，要考虑他们彼此双方的观点。
- 如果有可能，最好是让孩子与其兄弟姐妹一起去商定解决方案。
- 有些情况会需要"所罗门式解决方案"，也就是说，借助能够公平分配资源的外部手段去达成妥协（比如黑板、能够写上各自名字的表格）。
- 在孩子之间发生冲突的时候，你记得要运用本书前述的"心智化工具箱"。
- 父母特别容易陷入下面这一陷阱中：根据自己对孩子的了解进行区别对待。请注意，若你习惯于将某个孩子视为受害者、另一方视为麻烦制造者的话，那么，你需要打破这一模式。
- 你要腾出时间对每个孩子都给予特别关注。
- 你要创造出孩子之间共同拥有的经历与快乐时刻，促使他们形成健康的手足关系。

发现孩子撒谎了怎么办

当人们发现自己被欺骗时,常常会产生强烈的情绪,比如愤怒、焦虑、羞耻和伤心。通常情况下,这会导致心智化失败,由此缺乏对孩子以及他们撒谎原因的了解。心智化失败会持续很长一段时间,使你难以返回到对孩子进行心智化的道路上。一般来说,孩子并不比大人有更多的说谎行为。但是,在某些特定的儿童发展阶段,孩子可能更容易撒谎,比如四岁左右,然后就是十几岁的青少年,研究表明有 98% 的青少年承认他们偶尔会说谎。

受过创伤或遭受过忽视的儿童更可能会说谎。这可能是因为低自尊或对创伤的延迟反应而造成的。这些孩子比其他孩子更需要进行心智化的互动。因此,如果你遇到了在这种情况下说谎的孩子,那你要鼓励你的孩子去和这个孩子玩,否则这个孩子会因为说谎而进一步被其他孩子排除在外。

一旦你碰到孩子说谎的情况,重要的是你要知道什么是说谎以及如何去处理不同类型的谎言。谎言能够告诉我们一些与说谎者内心状态有关的信息,因此我们应该带着好奇心以及想了解说谎者内心想法的意图去对待谎言,特别是要理解谎言背后的意图以及被欺骗者的心理状态。谎言可以分为四种类型:善意性谎言、美化式谎言、蓄意式谎言和故事性谎言。本小节随后的表 6-2 可以帮助你判断你所见到的是何种谎言,以及该如何去处理。

第6章　育儿过程中的各种挑战，你该如何应对

建议与可行策略

蓄意式谎言是一种最少见的谎言类型。因此，你需要特别小心自己头脑中出现下面这样的想法："她对我撒谎是故意的，就是为了让我伤心。"如果你真的碰到了蓄意式谎言，那必须对此进行干预，只有这样，这种谎言出现的情况才会少一些。不过你也需要记住，这种谎言在3～5岁的孩子以及十几岁的青少年中出现得相当普遍。对于蓄意式谎言，还有一点很重要，那就是作为成人的你要带头营造出一种家庭文化，在这种文化中，家庭中的每个人都知道蓄意式谎言是不合适、不被社会所接受的，不管是在大人的社会中还是在孩子之间的相处中，都是如此（见表6-2和表6-3）。

具体范例

15岁的奥利维娅学会喝酒了。她母亲发现奥利维娅买了一瓶伏特加藏在衣橱里的衣服下面。于是，她偷偷将瓶子里面的伏特加倒进了水池中，并在里面装满了水，并好奇地想看看当奥利维娅带着酒去参加朋友聚会的时候会出现什么情况。当奥利维娅在聚会上喝空了带去的伏特加瓶子时，确信自己特别善于喝伏特加。然后在下一次聚会上，她喝得酩酊大醉，以至于妈妈被叫过来接她。由此，母亲明白了，成年人撒谎与骗人都不是一个好主意。

表 6-2　　　　　　　　　　　孩子的谎言

儿童发展阶段与说谎	孩子说谎时你该怎么做
3～5岁的孩子已经认识到，别人并不总是知道自己做了什么。这就使他们有可能去撒谎，而这也是个体发展过程中的一个巨大跨越 青少年对自己的朋友要比对自己的父母来忠诚。这是他们摆脱对父母依赖的自然发展过程，也是他们需要个人空间的标志。结果就是有98%的青少年偶尔会说谎	当你发现孩子开始撒谎时，请记住，这是他们成长与发展的一个迹象，也表明他们获得了一定的心智化技能。对此，你要用温和的方式，帮助孩子知道说谎是一种不好的行为 对于青少年的撒谎行为，你要知道并接受这是一种正常的情况。同时你要坚持认为撒谎是一种不恰当的困境应对方法。你要思考一下，是不是家里的边界太严格，导致孩子别无选择，只能撒谎

表 6-3　　　　　　　　　谎言的类型与应对措施

谎言的四种类型	特点	你该怎么做
善意性谎言	善意性谎言的主要目的是为了促进社交，并非旨在伤害他人或为了获取个人利益 人们说善意性谎言的原因是为了遵从社会规范、避免尴尬、支持他人或让谈话得以继续进行	你要帮助孩子找到其他方法去表达那些难以启齿的话语 教育孩子永远说真话可以说是一种好的做法，但也总会存在某些社交情况，为了避免伤害别人，我们需要说一些善意的小谎言，这也是合适的
美化式谎言	美化式谎言能够帮助人们避免受到自卑感的影响。说这种谎言的目的是为了让自己比原本的自己看起来更好或感觉更好	美化式谎言与低自尊有关。说这种谎的孩子平时就经常被人批评和惩罚。最有可能受到这类谎言负面影响的人其实就是说谎者本人 你要努力去改善孩子的低自尊，并温柔地与孩子对说谎一事进行讨论。你可以告诉孩子你曾经说过的谎，并让孩子明白这是正常的（记住，在你自己还是青少年的时候，肯定也撒过谎），并在讨论的时候让孩子觉得撒谎并不是一件羞耻的事情，而是常见情况

续前表

谎言的四种类型	特点	你该怎么做
蓄意式谎言	蓄意式谎言是故意欺骗别人以获得信任、谋取私利、避免麻烦或伤害别人	如果孩子故意说谎，那么父母应该记住，如果你对此反对，那之后孩子的谎言会减少一些。此外，父母必须带头去营造一种良好的氛围，让大家一致认为大人和孩子说这种谎都是不合适的，也是社会不可接受的。在出现蓄意式谎言之后，修复关系的最好方法是让说谎者承认自己撒了谎，并为之道歉
故事性谎言	故事性谎言是指那些经历过严重忽视或遭受过心理创伤的人所说的谎言 这些谎言与现实不符，但其中也包含了一些现实元素，可能会包含有一些强烈的、尚未被处理过的情绪。可以将这类谎言看作大脑处理创伤经历中那些不连贯片断的一种方式	你要记住，说这种谎的孩子并没有撒谎的意图 带领孩子做次温和的现实感的检验 请记住，这些故事的讲述者是那些脆弱的、受到过创伤的儿童 对这些孩子进行惩罚或公开羞辱是非常不可取的

培养孩子做事的边界感

在养育子女的过程中，边界感是经常会被提到的一个词语。边界感是指要教会孩子知道在他们的家庭与文化中，什么样的行为是不被接受的。父母需要给孩子设定边界，以便孩子能够成为其文化中机能正常的一员。在人的一生中，每个人都需要给自己、给他人设置边界。当父母为孩子设定边界时，他们其实也是在教育孩子如何为他人设置适宜的边界。

孩子会通过观察父母的行为,以及父母对其行为的反应来获得边界感。孩子身上或孩子行为当中那些被父母所关注的方面,不管是积极还是消极,都会被孩子注意到,然后孩子就会尽量让自己保持在这些界限内。因此,你值得花点时间去仔细考虑一下你的孩子需要掌握哪些重要的边界,然后再将它们制定成规则或行为准则,这样一来,你所定下的这些边界就变得明确直观了,便于孩子理解。父母通过与孩子讨论所设置的边界,以及设置边界的原因,就能让孩子学习怎样去设置合适的边界。

身为父母,如果你能推导出自己家庭应该具备什么样的边界,那可以算是重大进步,但实际上你不可能什么都能预见到。幸运的是,我们的情绪,尤其是愤怒情绪,能够帮助我们去设置边界、照顾好自己,并在有人或有事越过自己的边界时,我们会第一时间感受到。心智化易于让孩子理解那些适合孩子年龄的日常行为准则,为孩子的成长与发展营造空间。

建议与可行策略

在为孩子设置边界时,需要考虑他们的发展水平,以及你是要对孩子进行保护,还是给予支持,或是培养他们的独立自主能力。若是保护,那么就是处在孩子的发展区之外,你需要为他们设置好边界。若是支持,那么身为父母,需要

第6章 育儿过程中的各种挑战，你该如何应对

保持灵活性，并考虑到生活的不可预测性，你可以鼓励孩子在成人的指导下去学习。若是培养他们的独立自主性，那么你可以让你家的年轻人自己做决定，你必须尊重他们的边界。

8岁的孩子会对他们身边的边界进行测试，而9～12岁的孩子则更外向。这个阶段也为他们提供了很多机会去学习如何设置自己的边界，不过仍然需要父母的帮助。在13～18岁的青少年时期，边界通常与其社交生活的范围与内容有关，也为他们独立自主能力的发展提供了一定的空间（见表6-4）。

具体范例

14岁的伊森对跑酷非常感兴趣。他看中了两栋房子，想从其中一栋跳到另外一栋上去。但是，他父母不许他这么做。他们认为这两栋房子太高了，存在危险。伊森非常生气。说他妈妈是个傻蛋、爸爸太老土，俩人都很讨厌。他继续向他父母纠缠、乞求他们允许他去做，甚至威胁他们。在家里，他就像一只被困住的疯狗，对父母提出的一切都表示反对。他欺负家里的其他孩子，拒绝吃饭，拒绝参加家庭所有的社交活动。他的父母始终坚持自己的立场，但也不得不忍受他的情绪。

表 6-4　　　　　　　　　　控制示意图

外部控制： 由他人进行控制	最近发展区： 在大人指导下的自我控制	内部控制： 自我控制
他们还无法独自做到自我控制 孩子需要感到自己是被保护的，需要有人帮助他们度过难关	他们几乎可以进行自我控制，但仍然需要获得大人的支持 孩子需要大人的关怀与介入	他们可以进行自我控制 孩子的独立性需要受到尊重

你该怎么做

- 界限与边界能够让孩子有一个总体认识，并且能够营造出一种平静的氛围。
- 孩子更容易遵守那些他们自己也参与制定的边界与规则。
- 边界必须有一个平衡点，既不能过于死板，也不能过于松散，否则会导致出现混乱情况。
- 随着孩子年龄的增长，边界必须随之进行相应的调整，以适合他们的年龄。
- 比较好的做法是在家庭会议中积极主动地讨论规则与边界。既去探究这些边界所设置的原因、边界对人的影响，也探究大家对某些边界的反对意见。这样的家庭会议能够极大地促进孩子心智化能力的发展。
- 你需要考虑设置的边界与限制是否适合孩子的年龄。边界决定了我们在家庭中的行为，也能消除某些争执与冲突。边界的重点随着孩子的年龄而异：
  - 0～3 岁：主要是与早上起床、吃饭、接送孩子和睡觉有关的行为准则；

- 3～5岁：主要是与早上起床、吃饭时间、接送孩子、睡觉、语言方面以及看电视、电脑等屏幕时间有关的行为准则；
- 6～12岁：主要是早上起床方面的行为准则，以及与职责、责任、业余时间、作业、屏幕时间，以及家庭活动参与有关的边界；
- 13～18岁：主要是与作业、职责、责任、晚上回家时间有关的边界，以及家庭活动参与和家庭以外的社交生活方面的边界。

- 你也许觉得有理由去放宽要求，但总体上来说，应该让孩子感受到父母是说话算话的。当孩子发现父母会坚持所做出的决定时，他们会更有安全感，明确的规则与边界会减少争执与冲突（见图6-1）。

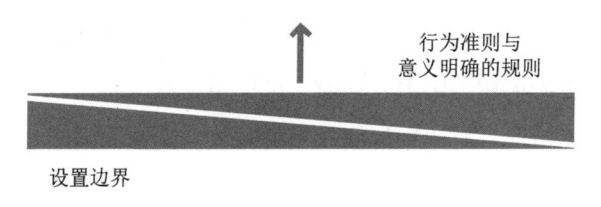

图6-1 孩子的边界感示意图

当孩子与他人起冲突时，你该怎么办

"冲突"一词的意思是指"出现了抵触、碰撞"。从心智化角度来看，当大家的意见或观点出现了对立、碰撞时，就是发生冲突了。随着孩子年龄的增长，孩子与父母之间、与其他兄弟姐妹之间，以及父母与学校之间，尤其是孩子与朋友之间，必然都会出现各种冲突。尽管冲突大多数时候是不受人欢迎的，但对孩子来说，冲突也是一个不可多得的机会，因为这可以让他们认识到，不同的人会有不同的想法，了解到冲突是社会交往过程中的自然组成部分。

所有的冲突其实都存在着让人学习与成长的可能，也能够让彼此产生交流。如果父母能够恰当地处理好冲突，那么在冲突结束的时候，冲突双方都会感到自己被倾听和被尊重了。在父母与孩子的相处过程中，没有任何理由去回避冲突。如果是以心智化的方式去处理冲突，那么冲突就会减少，哪怕冲突是以"否定"孩子的请求为结束。当然，这听起来很容易，做起来却并非如此。

冲突常常被看作一个等级阶梯，按照冲突的强度可以分成高低不同的等级。在冲突等级中的最低一层，冲突的重点仍然集中在导致冲突产生的最初事由上。这时，可以通过双方对话以避免出现心智化失败的情况。对于中等层次上的冲突，发生冲突的各方都不再能够进行对话，双方都觉得自己是对的。此时，你会寻求其他人的支持，试图与之结成联盟，"她在反对我们"。在最高层级的冲突发生时，冲突双方都不再关注对方的想法与心理状态，双方都是以敌对的形象出现在对方的头脑中。此时，双方会把各种心理策略当作自己的武器，比如"我是受害者，对方就是个恶魔""不理他"或说一些充满恶意的话。这种现象被称为心理盲点，因为随着冲突的升级，你对另一个人的心智化能力也会逐渐消失，从而导致对另一个人进行丑化。

为了解决冲突，你必须"从等级阶梯上后退"。也就是说，你必须克服心理盲点，克制住把对方看成"一个恶魔"的想法，不要与其他人结盟，相反，你要试着与对方对话。在解决冲突方面，父母是子女学习的榜样，所以父母必须以身作则。

建议与可行策略

在遇到冲突的时候，尽量保持开放的心态。要做到这一点并不容易。事实上，开放心态不可能自然而然地出现，因为冲突会引发强烈的情绪，从而导致心智化失败。但是，这其中的挑战在于你可以教育孩子从你的角度去看待问题。如果你自己都难以理解孩子的观点，将他们看成一个被宠坏了的、行为不端、自私的孩子，那么你就不能期望孩子能够自己做到这点。此外，在冲突结束之后，你要记得去修复关系。如果你让冲突继续升级，而你还想教会孩子如何去道歉的话，那最好的方法就是给孩子树立一个好的学习榜样（见图6-2）。

具体范例

8岁的妹妹凯拉和10岁的哥哥艾登正在争执轮到谁来玩《堡垒之夜》（Fortnite）这款在线游戏。凯拉转而向12岁的姐姐维奥莱特求助，她站在凯拉的一边。这场争执转眼就演变成了一场尖叫比赛。艾登指出维奥莱特正在用自己的电脑，要去她房间把电脑拿回来。凯拉和维奥莱特极力去阻拦他。而他们的妈妈一直在旁边观察着这一事件,她希望孩子们能够自己缓和冲突。然而,他们这时候则需要一个头脑更为成熟的人来干预和调解。

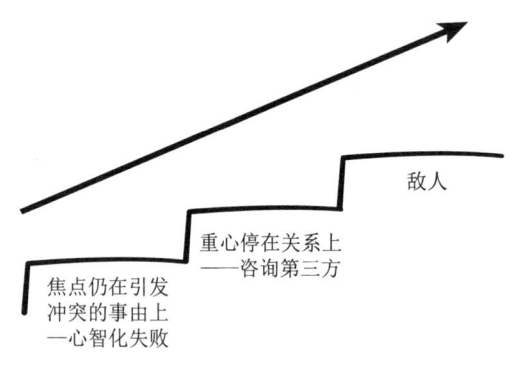

敌人

重心停在关系上
——咨询第三方

焦点仍在引发
冲突的事由上
——心智化失败

图 6-2　冲突的等级阶梯示意图

你该怎么做

如何才能将冲突变成学习机会?

- 你要把冲突看成是孩子成长的机会。
- 通过冲突,孩子能够学会容忍与忍受强烈的情绪。
- 在冲突中尽量保持开放的心态。
- 让自己冷静下来,这样你就能够成为孩子学习的积极榜样,能够将这一情境当作孩子的学习机会。
- 为了对冲突进行处理,你必须营造出一个既能让人专注于理解他人观点,又能消除误解的良好氛围。
- 即使与人发生冲突,你仍然要记住你的目标是要与他人保持好密切关系。

第6章　育儿过程中的各种挑战，你该如何应对

- 当孩子相互之间的冲突属于最低等级的冲突时，你应该让他们自己去解决；如果是第二等级的冲突，他们可能需要大人介入干预；如果是最高等级的冲突，那么你要将孩子们分开，直到他们的心智化重新建立。
- 如果是父母之间发生了冲突，这时候最为重要的事情是要给孩子解释清楚这个冲突的过程。要让他们看到冲突是人与人关系中的自然组成部分，让他们认识到冲突是可以得到解决的。
- 记得在冲突结束之后对关系进行修复。

帮助孩子掌握应对校园霸凌的方法

父母总是担心自己的孩子受到欺负，这是能够理解的，因为这会带来很大的负面影响。一般来说，霸凌指的是伤害另外一个孩子，或将其排除在群体之外。

根据心智化理论，若把冲突双方看作残忍的施暴者和受害者，那会使你的关注重点放在个体身上，将施暴者看成问题的根源。如此一来，你就会将注意力集中在施暴者行为背后的意图上，并最终得出他们为什么去霸凌他人的结论。

然而，这种将问题分解到个人的方式，其实就是你给这些孩子分别赋予了特定的角色和观点，僵化地假定了他们的心理想法与内心状态。这就是所谓的受害者-施暴者-旁观者三角模型。你可以在头脑中想象下面这样一幅场景：凯瑟琳正在学校欺负莱安娜，莱安娜成了受害者，而凯瑟琳成了施暴者，班上的其他人都变成了旁观者。

相反，若你将霸凌看成一次群体性的心智化失败，那么你就不会将霸凌看成个体之间的问题，而是会将其看成一个群体问题。霸凌所涉及的所有人都需要为这一行为负责，不管是施暴者、旁观者还是受害者。你不仅需要了解施暴者的心理，也需要了解受害者与旁观者的内心，以便消除施暴者和受害者所表现出来的有缺陷的社交模式。对霸凌行为采取心智化的方法，也就意味着你要让事件相关人改变自己的立场，从他人立场考虑问题，让大家都进行心智化。若你站在上帝的视角去看，你会将霸凌这一事件看成这个群体缺乏心智化、成员之间关系还未形成的征兆。这有助于你帮助这个群体中的所有成员重建心智化。

建议与可行策略

霸凌会给孩子带来伤害，因此，如果父母怀疑孩子所在的班级正在形成一种容许霸凌的班级氛围，那就要特别注意并采取相应的措施。你可以联系老师，与其他家长沟通，同时要让自己成为那个心智化状态最好的人。即使这可能会很难，但如果你能对班上的孩子、学校老师以及其他家长都保持心智化，那么对你的孩子来说是极为有利的。此外，你还要让你的孩子掌握一些应对霸凌的方法，以帮助他们应对霸凌（见图6-3）。

第6章 育儿过程中的各种挑战，你该如何应对

具体范例

在六年级的家长聚会上，家长们为丹尼总是纠缠罗拉而担心。他对她说了一些粗鲁的话，比如："你去哪儿度假了？哦，等等，你妈妈支付不起你们度假的费用，因为你们很穷，对吧？"或者说"你妈妈抽太多烟了，你不认为她会死于癌症吗？然后你会被送到孤儿院，因为你没有爸爸，是不？"

于是家长针对这件事情进行了讨论，重点讨论了丹尼的行为会给班级带来哪些危害。在这样的一次聚会上，他们讨论了怎样去改变看待事情的固有立场。家长们被要求尽量多邀请丹尼参加他们的活动，孩子们则被要求不能作为旁观者，而是要承担起集体责任。当孩子们听到有人使用侮辱性或辱骂性的语言时，不管是谁，都需要站起来反对。结果表明，这些举措让这个班上同学之间的互动变得好多了。

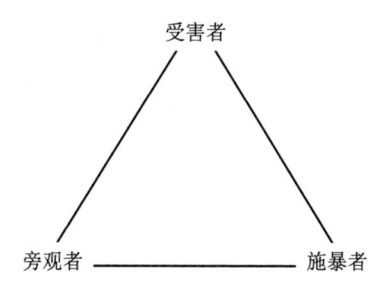

图 6-3 受害者 – 施暴者 – 旁观者三角模型示意图

你该怎么做

你该如何去营造一个防止霸凌的安全环境？

- 你要针对受害者－施暴者－旁观者三角模型中相互作用的群体进行工作。要让这个群体能够对此类事件发声，那么就可以大大增强群体塑造其成员行为的力量；
- 你要帮助孩子了解到旁观者是有责任去干预的，要向孩子强调保持心智化的重要性；
- 你要鼓励与支持孩子去摆脱旁观者角色，要鼓励他们在有人被霸凌的时候要有勇气去干预，并停止非心智化的行为。

如果你的孩子被霸凌了，你该怎么做？

- 当孩子告诉你说被霸凌时，你一定要认真对待。你可以运用"舷梯"技术（参见第2章中的"舷梯"部分），避免自己太快地对对方进行心智化。即使霸凌与整个群体成员的人际互动模式有关，你的孩子仍然需要你认真倾听他们的想法。此外，如果你的孩子需要学习如何去应对人际交往中的挑战，那你要鼓励他们对不同观点和想法保持兴趣。
- 你要教给孩子一些避免被霸凌的策略。不要对霸凌做出反应，而是直接走开就好；可以寻求朋友或大人的帮助，以避免自己成为受害者－施暴者－旁观者三角模式中的一员。

发现孩子偷偷饮酒怎么办

很多人或多或少地都会喝一点酒，但父母却常常不知道怎样去

第6章 育儿过程中的各种挑战，你该如何应对

处理自家青春期孩子的饮酒问题。其实，重要的是父母需要考虑有哪些方式可以应对孩子的饮酒行为。在本小节中，我们提供了一份与父母和青少年饮酒有关的调查问卷，具体内容见表6-5。

在父母饮酒方面，有研究表明，成年人平均要等11年才会就他们的饮酒问题去寻求帮助。大部分喝过酒的人都知道喝酒会影响情绪。当然，这也会对心智化造成影响。当父母感到压力的时候，喝酒可以起到调节作用，能够安抚情绪、舒缓紧张的神经。有些喝酒的父母是在晚上将孩子放到床上的时候开始喝，这使他们错过了陪着孩子经历从清醒到入睡这一重要时刻。如果孩子的父母喜欢喝酒，那么这些孩子常常会觉得他们对父母喝酒的担心没有得到应有的重视，甚至会开始怀疑是不是自己的情绪有问题。

饮酒频率与数量逐渐增加，可能会造成酒精成瘾。通常他们还有能力去处理正常的社交事务，比如能够照顾孩子与家庭，能够正常工作，但若是越喝越多，那他们就会慢慢地失去从外部视角看待自己的能力。其中大部分人仍然可以正常工作，但在生活中的其他领域，事情会开始慢慢变得分崩离析，当酒精成瘾者没有能力去判断酒精对其生活的影响时，他们的伴侣和孩子就必须为此进行补偿。

建议与可行策略

你可以使用表6-5中的问卷对自己测试一下。如果你的分数过高，那么请寻求帮助。

具体范例

阿比盖尔的妈妈对管理工作有着很高的要求。下班后，她会喝上一两杯红酒放松一下，让自己平静下来。然而，喝酒之后的她反而更加疲累，由此，家务和照顾年幼孩子的任务就落到了 13 岁的阿比盖尔头上。而且，她还经常需要阿比盖尔去照顾她。有天晚上，她坐在阿比盖尔的床边，说道："我一直觉得，你是个好女孩，家里都靠你来照顾。亲爱的阿比盖尔，这占用了你太多的精力。我很抱歉，我希望你知道我真的爱你。"妈妈的话让阿比盖尔心中充满了幸福。最后，她母亲意识到自己是多么的挣扎，自己已经酒精上瘾了。而阿比盖尔也是多年来一直渴望着听到这样的话语。她妈妈继续说道："快起来，让我抱你一会儿，我们彼此那么相爱。"阿比盖尔意识到妈妈喝醉了。而妈妈却没有注意到任何东西，因为酒精已经让她无法从外面看到自己，也无法看到阿比盖尔的内心。

表 6-5　　　　酒精依赖障碍识别测验（AUDIT）

总分在 8 分或 8 分以上表示可能在饮酒方面存在一定问题。前三个问题得高分表明饮酒达到不健康水平，问题 4～6 得高分表明存在酒精成瘾，其余问题得高分表明喝酒有伤害，存在有害饮酒或危害性饮酒的情况。

题序	问题	分数				
		0	1	2	3	4
1～3 题与你最近的饮酒习惯有关						
1	你多久喝一次酒	从不	每月 1 次	每月 2～4 次	每周 2～3 次	每周 4 次及以上
2	喝酒的时候，你通常喝多少杯	1～2	3～4	5～6	7～9	10 杯及以上
3	每次喝 6 杯以上的次数是多少	从不	每月不到 1 次	每月 1 次	每周 1 次	每天或几乎每天

第6章 育儿过程中的各种挑战,你该如何应对

续前表

题序	问题	分数				
		0	1	2	3	4
4～8题与你去年的饮酒习惯有关							
4	过去一年来,你有多少次发现自己一喝就停不下来	从不	每月不到1次	每月1次	每周1次	每天或几乎每天
5	过去一年来,你有多少次因为喝酒而耽误了该做的事情	从不	每月不到1次	每月1次	每周1次	每天或几乎每天
6	过去一年来,你有多少次因为某次喝多了导致第二天早上需要喝上一杯才能让自己感觉舒服	从不	每月不到1次	每月1次	每周1次	每天或几乎每天
7	过去一年来,你有多少次在喝完后感到内疚或后悔	从不	每月不到1次	每月1次	每周1次	每天或几乎每天
8	过去一年来,你有多少次喝酒喝到想不起前一天晚上发生的事情	从不	每月不到1次	每月1次	每周1次	每天或几乎每天
9～10题与你的生活有关							
9	有没有因为你喝酒而导致你自己或他人受到损伤	无		有,但不在去年		有,就在去年
10	你的亲戚、朋友、医生或其他健康工作者是否关心过你的饮酒问题,并劝说你戒酒	无		有,但不在去年		有,就在去年

注:酒水中含有酒精10克称为"1杯",例如250ml啤酒、15ml烈酒、一玻璃杯葡萄酒或黄酒。

你该怎么做

如果父母有饮酒行为。

- 计算一下你在表 6-5 AUDIT 测试中的分数。如果分数表明你存在饮酒问题,记得要去寻求帮助。你会发现有很多的支持与专业帮助可供选择。
- 在你的家庭中,喝酒是否经常是一个秘密。你有没有告诉孩子:"别对任何人说……"
- 你可以问问孩子他们对你喝酒的看法:"你看到什么了?"
- 注意一下,你的孩子是否过于关注你的饮酒行为。
- 留心一下家庭中的角色变换。你的孩子是不是有时候必须承担起父母的角色?
- 记住,问题不在于喝酒的人,造成问题的是酒水。所以,你一定要记住,别让他们与酒水在一起。

如果青少年有饮酒行为。

- 你要确保他们知道喝酒对身体健康的危害。
- 当他们开始喝酒时(可能喝的比你想的要多),你要与他们一起讨论饮酒行为,即使他们不喝酒(他们开始喝酒的时间可能比你想的要早得多)。
- 需要尽可能地在长时间内禁止他们喝酒。他们可能会违反你的禁令,但至少他们知道你的立场。
- 让他们在家里进行人生中第一次喝酒是不可取的做法。因为这会传达出一些信号,让他们觉得酒水是积极的东西,是长大成年的标志。

第 6 章　育儿过程中的各种挑战，你该如何应对

- 你要清楚地告诉他们，如果他们喝了酒，可以随时给你打电话求助。即使在你禁止他们喝酒的情况下也是如此。
- 你要重点强调他们与别人喝酒的时候，应该相互照顾，需要护送彼此回家。

父母是孩子最好的创伤治疗师

有的儿童会经历一些创伤性事件，比如目睹暴力、遭受性侵、接受手术或遇到车祸。创伤性事件对孩子心理的影响是其他事件无法比拟的。遭遇过创伤性事件的孩子可能会由于创伤后反应，觉得自己一定是疯了。一般来说，创伤后反应是帮助孩子理解和接受自己经历的心理机制。

1980 年，当世界上首次诊断出创伤后应激障碍（post-traumatic stress disorder, PTSD）时，人们还不认为儿童也会受到创伤，因为他们的行为不一定会表现出创伤后的反应症状。儿童被认为是不会遭受创伤的。但到了今天，我们知道儿童也可能会受到创伤，研究者也不断找到新的证据证实这一点。比如近年来的研究表明，那些目睹家庭暴力的儿童会患上 PTSD。

根据心智化理论，父母是最好的创伤治疗师。如果孩子的父母能够以建设性的方式去处理创伤，并照顾到孩子的需求，那就可以保护孩子免受创伤后反应的影响。作为父母，如果你的孩子遭受了创伤，那么这可能会让你难以承受。你可能会忘记过去你所能做的一切。比如，想象一位母亲平时很善于安慰她的儿子，然而，当她

突然发现隔壁的大男孩性侵了儿子时,变得非常难过,不停地哭,随后她不想靠近自己的儿子,与他保持距离,而他还只有六岁。

最重要的是,父母需要去帮助与支持孩子度过创伤期,因为孩子的适应能力实际上比成年人更强,更能承受创伤,只要他们能够得到父母的支持。

建议与可行策略

男孩子通常为自己有创伤后反应而感到羞耻。对此,有个很不错的做法就是,告诉他们这些反应会经常出现在那些从战场上回来的战士身上。对他们来说,相比因为害怕打针而感到后怕的人,与战士有相同症状的人似乎更酷。

具体范例

有天晚上,家里只有13岁的卢克一个人,有个贼进了他家。这个贼喝醉了,威胁了卢克。在这之后,卢克总是觉得自己听到有人打开了自家的家门,其实没人。他开始害怕一个人待在家里,也不再想去找朋友玩,而这可是他过去特别喜欢做的事情。他变得很悲观,晚上睡不着觉,休息不好。在这段时间里,他父母特别关心他。他们告诉他关于"创伤后的鸵鸟反应",让他知道自己的反应是完全正常的,明白这是他的心理对创伤经历进行处理的方式。

第6章 育儿过程中的各种挑战，你该如何应对

你该怎么做

- 大人要成为孩子的灯塔，要表现得自我控制、负责任与心智化。
- 你要让孩子恢复日常生活——做平时所做的事情：每天按规律起床、踢球、完成家庭作业，和平时一样过周末。重新恢复日常生活节奏有助于正常化。
- 父母可以通过创造一个关于创伤情境的连贯故事来支持孩子。表明你想回答孩子的问题，让他们知道可以和你去谈论它，即使这会很困难。可以重新回到创伤现场去看看当时发生了什么。如果孩子需要短暂休息，那么你要尊重孩子的边界。
- 如果遭遇了性侵，那么你要注意别提一些引导性的问题。比如："他做了这个、那个吗？"
- 告诉孩子经历创伤后有哪些创伤后反应，可以参照图6-4创伤示意图给他们讲述。

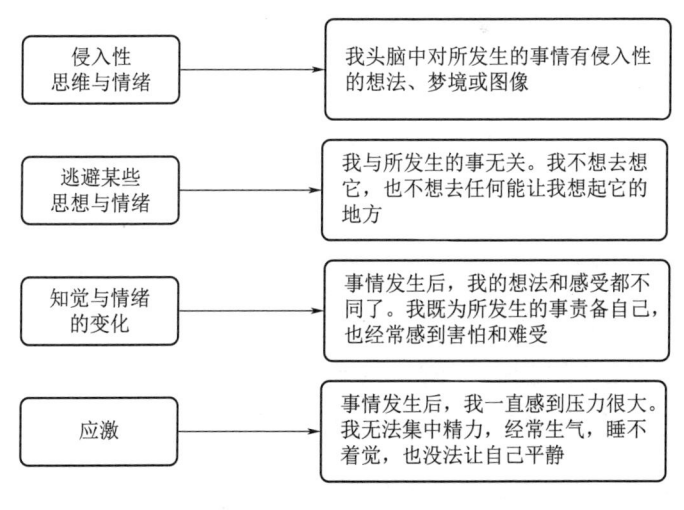

侵入性思维与情绪	我头脑中对所发生的事情有侵入性的想法、梦境或图像
逃避某些思想与情绪	我与所发生的事无关。我不想去想它，也不想去任何能让我想起它的地方
知觉与情绪的变化	事情发生后，我的想法和感受都不同了。我既为所发生的事责备自己，也经常感到害怕和难受
应激	事情发生后，我一直感到压力很大。我无法集中精力，经常生气，睡不着觉，也没法让自己平静

图6-4 创伤示意图

- 告诉孩子，有些孩子会做一些在创伤之前从没想过、感受过或做过的事情，这是完全正常的。如果孩子自己没有主动说，那么可以问问孩子是否有这种感觉。还有个比较好的做法，那就是你可以讲述一些其他有过类似经历的儿童或青少年的故事，并表明这些人也有与你孩子类似的情绪感受。
- 如果你的孩子表现出回避式的应对，那你需要采取心智化的方式，可以给他们提供保证，并通过温和的话语或身体接触，帮助他们慢慢地触及他们所害怕的创伤事件。

父母离异后搁置争议，以孩子的利益为重

对大多数人而言，离婚是一件复杂而困难的事情，会带来巨大的变化。尽管现在离婚率很高，但每次离婚对孩子、家庭以及其他受到影响的人来说，都是一个沉重的负担和挑战。父母离婚会对孩子身边的心智化环境带来挑战。离婚可能会引发一些强烈的情绪，比如愤怒、嫉妒、焦虑、悲伤、内疚，这些强烈情绪会抑制父母的心智化能力。

此外，随着婚姻的结束，伴侣双方会觉得不再需要对对方的心理进行心智化。离开的人甚至可能会感到如释重负，因为不再需要关注对方心中的想法。但是，孩子还是夹在双方之间，仍然需要父母双方为了孩子的利益去营造出他们俩之间的心智化环境。

离婚后，夫妻关系中存在的冲突与问题通常会继续存在。令人惊讶的是，这些问题不仅不会消失，甚至还可能会恶化，而作

第6章 育儿过程中的各种挑战，你该如何应对

为孩子父母，你们仍然需要一起去解决这些问题。在一些离婚案例中，父母可能过于投入到他们的新关系或新生活中，以至于很长一段时间内不能对孩子进行心智化。坠入爱河会对心智化能力产生负面影响这可能是因为进化过程中的适应需求，人们为了提高自己的决策能力，会忽视自己以及他人的情绪、需求、目标和推断。

如果夫妻离婚后很难再在一起合作，那么父母双方必须努力区分清楚自己对另一半的看法是将对方视为前妻（或前夫），还是把大家都看作孩子的父母。这可能会很难，但最为重要的是父母能够为了孩子的利益、而将自己的需求与个人之间的冲突放到一边，并有意识地从孩子的角度考虑去做对孩子最有利的事。

建议与可行策略

你要给孩子的想法与情绪留下一定的空间，包括孩子因为父母离异而感到的痛苦与失落，即使你很难看到或听到。儿童的悲伤会持续很长一段时间，甚至在后来的发展阶段会再次出现。

具体范例

内森八岁了，当他父亲为了另一个女人离开母亲时，他的世界崩塌了。妈妈负担不起继续住在这所房子的费用，家里的

狗也必须处理掉。他妈妈非常伤心，也感到非常嫉妒和愤怒。他爸爸在幸福而又充满激情地爱恋着。他父亲也因为内森而十分沮丧，因为他在父亲新的住处睡觉时哭了。他父亲的新女友确信内森妈妈是想维持甚至是加剧内森的悲伤来破坏他俩与内森的关系。父亲想让内森去看心理医生，但内森拒绝了。最后，内森承认说自己为面对父母离异表现得不像大男孩而像个小孩而感到羞愧。

你该怎么做

- 身为父母的你们要彼此承诺会尽一切努力成为孩子最好的父母。要提醒自己与对方，强烈的冲突只会给孩子带来负面影响，会使孩子变得脆弱。
- 当沟通出现问题时，可以将注意力集中在孩子身上，试着把自己代入孩子的角度去考虑，以便更好地了解孩子的需求。
- 夫妻沟通时要将孩子纳入进来，让孩子听到。只给孩子提供你俩都能接受的选择。
- 不要让孩子变成一个承担着父母责任与担心的小大人。
- 你要向信任的人倾诉你所面对的分手以及在新生活中所遇到的挑战。
- 你们两个家庭要就孩子未来生活中的行为准则与要求达成一致意见。这会对孩子的成长与发展以及他们的行为带来积极的影响（但要接受你们是不同的人）。
- 你俩要优先考虑腾出时间来陪孩子活动（最好是你俩都在场），

第 6 章 育儿过程中的各种挑战，你该如何应对

最好不要带上你俩各自新家庭的其他成员。
- 你俩要支持孩子去寻求外部帮助，并确保这些外部人员没有卷入到孩子的情绪中，由此孩子可以与之分享他的担心和想法。
- 你要记住，由于父母建立了新的伴侣关系，孩子可能会体验到更多的失落感。父母的新男友或新女友，以及父母的继子女，会让孩子产生失望、愤怒、嫉妒和被抛弃的感觉，这对孩子会造成很大的影响。在这种情况下，如果父母能够认真对待孩子的情绪，那会有助于孩子调控自己的情绪。

让孩子在丧失中学会接纳与成长

悲伤是人生中的自然组成部分。当你失去了自己所爱的人或与自己有着亲密关系的人时，是不可能不会感到悲伤的。孩子也会体验到丧失与悲伤。他们可能会经历自己的宠物、祖父母的失去，有时候甚至会失去父母或兄弟姐妹。

悲伤是一个帮助孩子适应丧失的过程。通常认为人是可以从丧失中恢复过来的，人仍然可以与失去的人联结在一起。已经成为你生命中一部分的逝者以及你们在一起的记忆（不管是好的还是不好的记忆），将永远与你同在。我们的目标不是要战胜丧失，而是要学会接受。

孩子的年龄、性格、家庭资源、开放程度以及反应模式等，都是影响孩子对丧失的反应的重要因素。孩子对丧失的不同反应与他们所处的发展阶段有关。当孩子能够理解逝去的人将永远不会再回

来时，他们就可以用一种新的方式去为祖父悲伤。如果丧失的是父母或兄弟姐妹，那么这种丧失感通常又会在节假日被激活，比如生日、圣诞节、婚礼等。

对于悲伤，可以说没有什么方法是正确的。对儿童以及成人来说，应对丧失的最好方法就是在悲伤与继续前行之间交替着生活。今天，通常将悲伤看作两条轨道的相互作用，即悲伤过程以及适应丧失的过程。这两条轨道同样重要，它们会在悲伤的人身上一起出现。有时候，同一个家庭或同一段关系中的不同人员可能会分处在不同的轨道上。那么在这时，你的任务就是要尊重这两条轨道都是康复过程的一部分。

父母通常不把事情告诉孩子，以此来保护他们。但当你遇到一些特别重要的事情时，重要的是要让孩子对成人保持信心。如果孩子开始对大人失去信任，那么这才是最为糟糕的情况，因为这会让他们产生不安全感。作为父母，如果你悲痛欲绝，以至于一段时间内都不能和孩子谈丧失的事情，那么最好的做法就是寻求其他成年人的支持。正在经历危机的成年人需要实际支持，所以一定要去寻求帮助。

建议与可行策略

你可以将自己的悲伤表现出来。这是一种自然的情绪感受，只要你向孩子发出"我们会没事的"信号，你就成了孩子心目中的榜样，让他们看到你怎样去表达哀悼（见图6-5）。

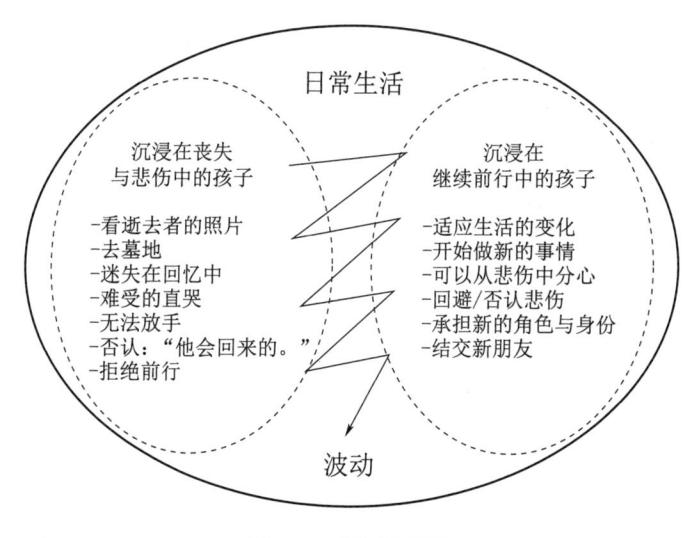

第6章 育儿过程中的各种挑战，你该如何应对

```
                    日常生活

        沉浸在丧失              沉浸在
       与悲伤中的孩子         继续前行中的孩子

       -看逝去者的照片         -适应生活的变化
       -去墓地                -开始做新的事情
       -迷失在回忆中           -可以从悲伤中分心
       -难受的直哭             -回避/否认悲伤
       -无法放手               -承担新的角色与身份
       -否认："他会回来的。"    -结交新朋友
       -拒绝前行

                      波动
```

图 6-5　悲伤示意图

资料来源：Stroebe & Schut, 1999。

具体范例

　　八岁的卡莱布在学校表现出了难受、胃痛和注意力不集中的情况。在老师与家长联系的时候，知道卡莱布的祖母最近因急病而去世了。事实上，他妈妈还没有告诉他这个，因为她想保护他。然而，当她告诉卡莱布所发生的事情并一起去了墓地后，卡莱布再次信任她了，并且身体逐步恢复了正常。

你该怎么做

- 对孩子要诚实。不要让孩子失去对大人的信心。
- 以适合孩子年龄的方式去谈论丧失——在哪儿、怎么样以及为什么。

265

- 重要的是要给逝者安排葬礼或其他的仪式。这样可以让大家有机会实实在在地表达对丧失的感受，一起哀悼也会有治愈的效果。
- 在哀悼与谈论死亡的时候，不要过度刺激孩子。要留心孩子所发出的信号。
- 你要在心中承认人们对悲痛的体验可能有所不同，并且有不同的表达方式。
- 如果孩子卡在悲伤过程或适应丧失过程中的其中一条轨道上，你要轻轻地将他们推到另一条轨道上。如果孩子过于沉浸在丧失中，你可以通过音乐或其他活动，将他们的注意力从悲伤中转移开来。相反，如果孩子从来不提及丧失，那么最好的做法是你要去触及这个话题，可以和孩子聊聊逝者、看看照片，或带孩子去看看墓地。
- 在感受恢复正常的时候，你要有勇气与孩子去谈论逝者。
- 你要开明且坦诚地回答孩子有关死亡的问题。
- 记得要与孩子讨论一下幸存者的内疚现象。这是一种因为有人去世而觉得自己不应该快乐的感受。
- 要与孩子讨论人们面对悲伤与丧失会有哪些反应，要让孩子明白他们没有错。让他们知道，在人们感到悲伤时，想念逝去的人，感到孤独、被遗弃、焦虑、担忧、难受、愤怒、宽慰、内疚和绝望，都是正常的反应。

第6章 育儿过程中的各种挑战，你该如何应对

彻底放手，迎接人生的下半场——空巢期

当孩子从一直生活的家中离开，就像一艘美丽的大船驶离港口，父母骄傲地站在码头上挥手告别。然而，年轻人往往还会带着换洗的衣物回到"港口"。

18～25岁是人生中的一个重要阶段，其重要特点是他们会交到新的朋友，会上大学、学习如何应对成人生活，但这也是一个很容易出错的时期（药物滥用、交到坏朋友、失学，等等）。

重要的是你要让孩子以适合年轻人发展水平的步调缓缓地离开家门。离开童年的家是年轻人第一次经历的彻底转变，所以，重要的是这次经历是一次好的经历。他们可能会有那么几次返回到这个家中再待一段时间，比如因为分手、改变学业或出现经济困难等。身为家长，你一方面要给他们私人空间，为他们提供支持；另一方面你要开启孩子不在身边的新生活，这对你来说可能是一个重大挑战。空巢是指当孩子离开家时，父母可能会产生的痛苦、失落与孤独感。对你和你的孩子来说，如何开启成人生活的新篇章是非常重要的。

> **建议与可行策略**
>
> 当你的孩子带着他们的孩子回到你的家中时，你也就算从父母这所学校毕业了。你已经走完了整个旅程，而你的

> 孩子必须从头开始学习如何为人父母。重要的是，你要向你的成年子女表明你对他们有信心。你需要做他们的灯塔，要记住你在刚刚为人父母时是多么艰难、多么无知。你要让孩子自己学会如何为人父母，你所要做的就是成为他们的支持系统。

具体范例

当约翰和凯特琳的女儿长大离家生活后，他们的生活发生了巨大变化。突然之间，家里变得十分安静。过去20年来为了家庭日常生活所形成的家庭模式已经没有了存在的必要。于是，夫妻俩开始培养各自的新爱好，并且试图以夫妻身份重新接触，而不仅仅把自己当作一个负责家务的团队。当他们慢慢适应了这一新的平衡时，他们的女儿又搬回来了。因为她和男朋友吵架了，并且对大学的课程不满意。她后来又搬回来好几次，直到她最终适应了新的生活。

数年之后，他们的女儿带着他们的第一个外孙回来了。凯特琳觉得自己是一个完全合格的家长，很想给女儿展示一下应该如何对婴儿进行心智化。但她克制住了自己，把控制权交给了女儿，让女儿去形成她自己的育儿方式。

你该怎么做

- 给孩子空间，承认他们的独立性与自主性。
- 你要让孩子知道你对他们有信心，相信他们有能力应对新的

第6章 育儿过程中的各种挑战,你该如何应对

挑战。

- 你要能够接受孩子会有那么几次返回家中——不管是留下来,还是仅仅为了获得支持。
- 重要的是要让孩子觉得他们可以随时回来,不管他们是为了放下责任,还是仅仅因为想退回来——因此,当他们回来的时候,你要预料到他们可能又会变得孩子气了。
- 有时,父母有必要与孩子保持联系。在这段时间中,年轻人会专注于思考他的人生到底想要什么,但只要他们需要,他们身上始终有一条"安全绳"系在自己的父母和从小长大的家上。
- 你要承认,空巢可能会让你感到痛苦。
- 你可以想想,在这个生命的新阶段,你还可以做什么。
- 要记得让自己成为一个心智化的祖父或祖母。

译者后记

晚上10点多，从楼上传来一个女人的咆哮声："什么关系，什么关系，说，到底什么关系？"我那颗八卦的心疯狂地跳动了起来，趴到窗户上支起耳朵认真地听着下文。直到听到女人继续气愤地喊道："互为相反数啊！"我默默地关上了窗户。这是网络上流行的一个段子。隔着屏幕，你都能真切感受到这位妈妈的滔天怒火，也能感受到她那蹭蹭上涨的血压！而在一旁的孩子定是一脸委屈、不敢吱声的样子，看着叫人心疼。

"不写作业母慈子孝，一写作业鸡飞狗跳"，道尽了无数父母的心酸。近年来，越来越多的人意识到原生家庭对儿童的养育至关重要。但是，一旦涉及具体的养育过程，很多家长都感觉力不从心。"做作业前，孩子什么事情都没有。但只要一开始做作业，就开始各种小动作：尿尿、喝水、肚子不舒服、腿让蚊子咬了……"很多父母表示："一看到孩子的这种表现，心里一股无名火就冒上来了，分分钟想揍他！""每次辅导孩子做作业的心情都是'上一秒亲妈，下一秒后妈'，自孩子上学后，自己性情大变！"很多家长感到很无奈，他们想要成为好的家长，想要教育出好的孩子，但却苦于不知道该如何实践，市面上也缺少让家长们可以实际参照的操作指南。

本书从心智化（mentalizing）的视角，给所有的家长和教育工作者提供了非常好的实践机会。作者认为，父母自身的心智化是教育孩子过程中最为重要的策略。一方面，作者通过对心智化的介绍，让大家了解到原生家庭中真正发挥作用的部分是什么；另一方面，通过心智化对情绪的控制，让大家了解到情绪在儿童自身发展和家庭交流中的重要作用。最为重要的是，本书通过大量贴近生活的个案，让大家能够以更客观和清醒的态度去解读发生在我们现实生活中父母和子女之间的那些冲突及其背后的原因，并从心智化的视角给出了解决之道。自我控制、负责任与心智化，书中一直强调，只有具备这三个特质的父母，才能让孩子这艘小船在人生的大海中无惧风浪、勇往直前。

本书不仅仅介绍心智化的理论，更为关键的是通过心智化串联起了家庭中儿童教育相关的诸多重要概念和理论，并结合实际生活的个案，为我们展开了一个儿童养育的生动画面，你希望得到解答的诸多难题和疑惑在其中都可以找到答案。虽然本书作者依据的个案大多是西方文化背景下的，与国内的实际国情有所出入，但在育儿过程中遇到的问题却大多具有普适性，是共通的。因此，本书作为一本实践性的指导类图书，对大多数国内家长来说，极具参考价值。相信阅读了本书的读者都会在一定程度上提高自己的育儿理念和能力，也希望大多数的家长都可以成为称职的家长，为自己孩子的发展和成长保驾护航。

由于近来事务较多，为了加快翻译进度，我邀请了我的同事、临床心理学专家、擅长婚姻与家庭咨询的曲晓艳博士一起完成了翻译工作。我翻译了本书的前言和1～3章，曲晓艳翻译了本书的4～6

章。全书由我统一审校。最后要感谢中国人民大学出版社的编辑老师们，正是因为他们的辛勤付出，本书的中译本才能顺利出版。由于译者水平有限，译稿难免存在错漏，恳请读者批评斧正，谢谢！

胡军生

于武汉大学

Mentalization in the Family: A Guide for Professionals and Parents,1st Edition / by Janne Oestergaard Hagelquist and Heino Rasmussen/ ISBN: 978-0-367-22102-7

Copyright ©2020 by Taylor & Francis

Authorized translation from English language edition published by Routledge ,an imprint of Taylor & Francis Group LLC.

All Rights Reserved.

本书原版由 Taylor & Francis 出版集团旗下 Routledge 出版公司出版，并经其授权翻译出版。版权所有，侵权必究。

China Renmin University Press Co., Ltd. is authorized to publish and distribute exclusively the Chinese (Simplified Characters) language edition. This edition is authorized for sale throughout Mainland of China. No part of the publication may be reproduced or distributed by any means, or stored in a database or retrieval system, without the prior written permission of the publisher.

本书中文简体翻译版授权由中国人民大学出版社独家出版并仅限在中国大陆地区销售。未经出版者书面许可，不得以任何方式复制或发行本书的任何部分。

Copies of this book sold without a Taylor & Francis sticker on the cover are unauthorized and illegal.

本书封底贴有 Taylor & Francis 公司防伪标签，无标签者不得销售。

北京阅想时代文化发展有限责任公司为中国人民大学出版社有限公司下属的商业新知事业部，致力于经管类优秀出版物（外版书为主）的策划及出版，主要涉及经济管理、金融、投资理财、心理学、成功励志、生活等出版领域，下设"阅想·商业""阅想·财富""阅想·新知""阅想·心理""阅想·生活"以及"阅想·人文"等多条产品线，致力于为国内商业人士提供涵盖先进、前沿的管理理念和思想的专业类图书和趋势类图书，同时也为满足商业人士的内心诉求，打造一系列提倡心理和生活健康的心理学图书和生活管理类图书。

《孩子的内驱力：写给父母的沟通心理学》

- 孩子本就拥有内驱力，父母需要做的是唤醒并呵护孩子的内驱力。
- 发展孩子主动学习和生活的动力，才是真正陪伴孩子发展的核心宗旨。
- 简单实用的"铁三模型"帮助父母唤醒孩子的内驱力。
- 微微辣作序，侯志瑾、安心、徐钧、邢淑芬联袂推荐。

《孩子是选手，父母是教练：如何有效培养孩子的自主学习习惯》

- 为父母提供"双减"政策下更适合孩子的学习指导方法。
- 北京师范大学科学传播与教育研究中心副主任李亦菲、延边大学师范分院附属小学校长金海连作序推荐。
- 随书附赠《自主学习指导师指导手册》。

《自信快乐的小孩：别让焦虑和孩子一起长大》

- 12周，手把手地教你帮助孩子克服恐惧、担忧、不自信心理，将焦虑降低到可控水平。
- 让父母放轻松，孩子重拾信心与快乐！
- 医学博士、北京慧心源情商学院创始人韩海英和幼儿发展研究专家、《孩子的一生早注定》作者奶舅吴斌作序推荐。
- 随书赠送《儿童训练手册》电子版。

《非暴力亲子沟通》

- 作者20多年儿童心理辅导、咨询和治疗经验与马歇尔·卢森堡博士的非暴力沟通理论完美结合的、具有本土化的非暴力亲子沟通读本。
- 随书附赠《非暴力亲子沟通八周训练手册》，读者可按图索骥掌握亲子沟通技巧，有效改善亲子关系。

《孩子的抗逆力：培养让孩子受益一生的快乐、幸福能力》

- 抗逆力≠挫折教育。
- 抗逆力＝乐观、希望、活力、毅力、幽默、感恩。
- 习得性乐观＋"大心脏"＝应对未来人生的底气与能力。